【中华国学经典精

U1061038

抱朴子外篇

〔晋〕葛洪 著
廖春红 评译

北京联合出版公司
Beijing United Publishing Co.,Ltd.

图书在版编目（CIP）数据

抱朴子外篇 /（晋）葛洪著；廖春红评译. —北京：北京联合出版公司，2016.11（2023.4 重印）

（中华国学经典精粹）

ISBN 978-7-5502-9157-7

Ⅰ.①抱… Ⅱ.①葛… ②廖… Ⅲ.①古典哲学–中国–东晋时代②《抱朴子》–通俗读物 Ⅳ.①B235.7-49

中国版本图书馆CIP数据核字（2016）第277635号

抱朴子外篇

作　　者：葛　洪

选题策划：宿春礼

责任编辑：刘　恒　徐秀琴

封面设计：新纪元工作室

版式设计：新纪元工作室

责任校对：付玮婷

北京联合出版公司出版

（北京市西城区德外大街83号楼9层　100088）

三河市冀华印务有限公司　新华书店经销

字数：130千字　787毫米×1092毫米　1/32　5印张

2017年1月第1版　2023年4月第5次印刷

ISBN 978-7-5502-9157-7

定价：12.00元

前言

葛洪，字稚川，自号抱朴子，丹阳句容（今江苏省句容市）人。生于晋武帝太康四年（283），卒于晋哀帝兴宁元年（363），终年八十一岁。他不仅是我国著名的道教学者、炼丹家、医药学家，还是一位学贯百家、思想渊深的儒学家，他的《抱朴子外篇》就是最好的证明。

葛洪出生于高贵的士族家庭，葛氏家族的远祖可追溯到远古传说中的帝王葛天氏。葛洪这一支的曩祖是在西汉末年担任荆州刺史的葛君（姓名不详），曾起兵讨伐王莽，失败后遇赦而迁徙至琅邪；其子葛浦庐佐助刘秀建立了东汉，被任命为骠骑大将军，封下邳僮县侯，但后来将爵位让给功高身残而未得封赏的弟弟葛文，然后渡江南下，定居于句容。葛洪的祖父葛系在三国时效力于吴国，才学过人，还有治国才能，历担重职，被封为寿县侯。葛洪的父亲葛悌，因孝顺父母、友爱兄弟而闻名当时，又能文善武，被朝廷一致推举为统率全军的阻击晋军、拯救吴国的最佳人选，后来也受到晋武帝重用。

葛洪就是在这样一个兼具文韬武略的世代官宦之家出生的。葛洪是葛悌的第三子，因为是晚年得子，因此葛悌夫妇对他娇惯宠爱，没有过早地督促他学习经史子集。但在葛洪十三岁那年，父亲葛悌不幸去世，家里顿时陷入了贫穷窘迫的境地，葛洪不得不下地干活来养活家人。因为连番的战乱导致葛洪家中的藏书全部丢失，葛洪只得到处借书来读，并努力砍柴卖柴以购买纸笔。就这样，葛洪白天在地里劳作，晚上就点燃柴火看书，最终受到当时大名鼎鼎的道师、葛洪从祖葛玄的弟子郑隐的赏识。葛洪于十六岁时拜郑隐为师，因潜心向学，深得郑隐器重，也因受到郑隐之神仙、遁世思想的影响，而有意归隐山林炼丹修道、著书立说。

不过，尽管葛洪有归隐山林的志向，却遭逢当时社会的动荡不安：内有“八王之乱”，皇族为争权而相互攻杀，连年开战，导致数十万生灵涂炭，数百万民众流离失所；外有“五胡乱华”，北方的匈奴、鲜卑、羯、氐、羌五族乘中原之乱大举南侵，兵荒马乱，尸横遍野，晋王朝被迫南迁。为了保护家乡父老不受侵害，葛洪不得不弃志从军，跟随吴兴太守顾秘平叛了石冰的农民起义军，并被封为“伏波将军”。但葛洪无心出仕，事平之后即投戈释甲，径至洛阳，想要大量搜寻异书。却因为遇上“八王之乱”而滞留在江东，为避难而答应出任故友广州刺史嵇含的参军，并先行前往广州催兵。可惜不久后嵇含被杀，葛洪因此又滞留广州多年，期间多次拒绝驻军将领的任职邀请。在广州期间，葛洪拜鲍靓为师，继续修习道术，深得鲍靓器重，并将女儿鲍姑许配给葛洪，《抱朴子外篇》的大部分内容就是在这个时期完成的。

东晋开国后，朝廷念及葛洪以前的功劳，赐封他为关内侯，食句容二百邑。葛洪上书请辞，没有被准允，但葛洪多次拒绝朝廷的征召，直到最后因为生活所迫，才出任咨议参军等职。后来葛洪听闻交趾产丹砂，就求为句漏令，并率子侄同行，最后却在赴任中途隐居有神仙洞府之称的罗浮山，修行炼丹，著书讲学，直到去世。

和《抱朴子内篇》的广受推崇不同，因《抱朴子外篇》多有“弹断风俗”“取憎在位、招摈于时”之论，当时乃至后世统治者避之犹恐不及，其广泛流传更是无从谈起。又因为《抱朴子外篇》不为后代士人所重视，鲜有注解者，其书阅读困难，更是妨碍了它的传播。

然而，作为一本反映葛洪道本儒末思想轨迹的经典著作，作为后人了解魏晋时期政治、文化、风俗等历史的重要依据，《抱朴子外篇》有着极高的研究价值。本书撷取《抱朴子外篇》中经世致用的精粹思想，介绍了葛洪在学习（勖学）、教育（崇教）、选拔及任用人才（务正、贵贤、任能、钦士、审举、备阙、擢才、清鉴）、交友（交际）、品行（行品）、饮酒（酒诫）等方面振聋发聩的观点理论，展示了葛洪反传统的精神和勇气，同时也有开人耳目、启迪后人之立意。本书最后的《自叙》一篇，不仅可以作为研究葛洪生平的第一手资料，也可以作为了解《抱朴子外篇》全书的基础。

目 录

勖学[1]

【题解】

勖学即勉励学习，本篇的主题就是鼓励人们努力学习。作者分别从强调学习的重要性、强调每个人都应该学习、批判轻视学习的不良风气、提出一些具体的学习方法等方面阐明了主题。

【原文】

抱朴子曰："夫学者所以清澄性理[2]，簸[3]扬埃秽，雕锻矿璞[4]，砻炼[5]屯钝[6]，启导聪明，饰染质素[7]，察往知来，博涉劝戒。仰观俯察[8]，于是[9]乎在；人事王道，于是乎备。进可以为国，退可以保己。是以圣贤罔莫[10]孜孜[11]而勤之，夙夜[12]以勉之，命尽日中而不释[13]，饥寒危困而不废。岂以有求于当世哉？诚乐之自然也。

【注释】

①勖（xù）：勉励。②性理：万物的天性和道理。③簸：应为"簸（bǒ）"字。④雕锻矿璞：意为"雕璞锻矿"。⑤砻（lóng）炼：磨炼。⑥屯钝：迟钝，笨拙。⑦饰染质素：意为"饰质染素"。质，朴实的本性，此处指没有文采。素，没有染色的丝绸。⑧仰观俯察：引自《周易·系辞上》："仰以观于天文，俯以察于地理。"⑨是：代指学习。⑩罔莫：无不。⑪孜孜：不知疲倦的样子。⑫夙夜：日日夜夜，从早到晚。⑬命尽日中而不释：引自《周论衡·别通》："孔子病，商瞿卜期日中。孔子曰：'取书来！比至日中，何事乎？'圣人之好学也，且死不休。念在经书，不以临死之故弃忘道艺，其为百世之圣，师法祖修，盖不虚矣！"

【译文】

抱朴子说："学习能让人明白万事万物的本性和道理，去除品德中的尘埃和污秽，就像雕琢璞玉、锻打矿石那样，磨炼愚钝的人，启发引导聪明的人，好比是为质朴装饰，为素丝染色，观察过去、预知未来，广泛涉猎以鼓励和劝诫人们。仰视天象、俯察地理的学问，都在于学习之中；人间事务和为君之道，都能从学习中获得。进可以为国家效力，退可以保全自我。因此，圣贤们无不孜孜不倦地勤奋学习，从早到晚努力地学习，就算中午就要死了也不放下手中的书，身处饥寒交迫、危难困苦的境地也不放弃学习。难道是他们对当时的时代有所求吗？实在是他们发自内心地喜欢学习。

【原文】

“夫斫①削刻画之薄伎②，射御骑乘之易事，犹须惯习，然后能善。况乎人理之旷③，道德之远，阴阳之变，鬼神之情，缅邈玄奥，诚难生知④。虽云色白，匪⑤染弗丽；虽云味甘⑥，匪和弗美。故瑶华⑦不琢，则耀夜之景⑧不发；丹青⑨不治，则纯钩⑩之劲不就。火则不钻不生，不扇不炽；水则不决不流，不积不深。故质虽在我，而成之由彼⑪也。登阆风⑫，扪晨极⑬，然后知井谷⑭之暗隘也；披七经⑮，玩百氏⑯，然后觉面墙⑰之至困也。

【注释】

①斫（zhuó）：用刀或斧头砍木头。②伎：通“技”，指技艺。③旷：本指宽广，此处指丰富。④生知：生而知之。⑤匪：通“非”，不。⑥甘：古人认为，在酸、甘、苦、辛、咸这五味中，甘为众味之本，不偏主一味，故得受五味之和。⑦瑶华：美玉。⑧景：本指日光，此处泛指亮光。⑨丹青：这里指“赤金”（红色，铜）与“青金”（青色，锡）。⑩纯钩：应为“纯钧”，是春秋时期欧冶子炼制的一把剑，为古代十大名剑之一。⑪彼：指学习。⑫阆（làng）风：传说中位于昆仑山之上的一座神仙居住的山。⑬晨极：应为“辰极”，指北斗星。⑭井谷：井底出水的孔窍。⑮七经：指儒家的七部经典，但历代说法不一，东汉时指《周易》《诗经》《尚书》《仪礼》《春秋》《公羊传》《论语》。⑯百氏：百家学说。⑰面墙：比喻人们不学习，见识浅薄。出自《尚书·周官》：“不学墙面，莅事惟烦。”孔安国传：“人而不学，其犹正墙面而立，临政事必烦。”

【译文】

“那些砍削、雕刻、绘画之类的浅薄技艺，那些射箭、驾车、骑马之类的容易事，尚且必须经常练习熟习，然后才能做好。更何况是丰富的为人处世之道，深奥的规律和品德，千变万化的阴阳之道，神秘莫测的鬼神情状，都十分遥远奥妙，实在难以生而知之。虽说颜色洁白，但不染色就不华丽；虽说味道甘甜，但不调和其他味道就不美味。所以美玉不经雕琢，就无法显现出能照耀黑夜的亮光；红铜青锡不经加工，就无法造出纯钧宝剑的锋利。火不钻木就不能滋生，不扇就不会变得炽烈；水不决口就不会流出，不积聚就不会变深。因此虽然本质在我，成就自我却在于学习。登上神仙居住的阆风山，手摸着北极星，然后才能知道井底的孔窍何其黑暗狭小；翻阅了七经，研读了诸子百家学说，然后才能明白不学习就会见识浅薄这个道理。

【原文】

“夫不学而求知，犹愿鱼而无网焉，心虽勤①而无获矣；广博以穷理，犹顺风而托②焉，体不劳而致远矣。粉黛③至则西施以加丽，而宿瘤④以藏丑；经术深则高才者洞达，卤⑤钝者醒悟。文梓⑥干云⑦，而不可名台榭者，未加班输⑧之结构也；天然爽朗，而不可谓之君子者，不识大伦之臧否⑨也。

【注释】

①勤：本指勤奋，此处指迫切希望。②托：寄托。徐济忠、孙人和、杨明照皆谓“托”下疑脱一字，孙、杨以为“舟”字。③粉黛：古代女性化妆用的白色香粉和青黑色颜料。④宿瘤：战国时期齐国东郭（今山东省淄博市临淄区）人，脖颈处长一肉瘤，时人称其“宿瘤女”，后因有识见而为齐闵王之后。⑤卤：通“鲁”，愚拙，蠢笨。杨明照以为“卤”上当有“而”字。⑥文梓：有纹理的梓树，是建筑用的良木美材。⑦干云：直冲云霄，形容树木高大。⑧班输：指春秋鲁国的巧匠公输班，即中国建筑鼻祖木匠鼻祖鲁班。此处泛指能工巧匠。⑨臧否（pǐ）：善恶。臧，善。否，恶。

【译文】

“不学习而想获得知识，就像想要鱼但没有网一样，心里再怎么迫切希望都不会有所收获；通过广泛地学习来穷究事理，就像乘坐顺风前行的舟船，身体不受劳累就能到达很远的地方。有了粉黛这些化妆品，可以让西施变得更美丽，更加漂亮，也能够遮盖宿瘤的丑陋；深入研究经典，能让才智过人者更透彻地理解事物，也能让蠢笨迟钝的人有所醒悟。带有纹理的梓木直冲云霄，却无法被称为台榭，是因为它没有经过公输班这样的能工巧匠加工构建；一个人天生性格直爽开朗，却不能被称为君子，是因为他不能识别基本的伦理道德的善恶。

【原文】

“欲超千里于终朝①，必假追影之足②；欲凌洪波而遐济③，必因艘楫之器；欲见无外④而不下堂，必由之乎载籍；欲测渊微而不役神，必得之乎明师。故朱绿所以改素丝，训诲所以移蒙蔽。披玄云⑤而扬大明，则万物无所隐其状矣；舒竹帛⑥而考古今，则天地无所藏其情矣，况于鬼神乎？而况于人事乎？泥涅⑦可令齐坚乎金玉，曲木可攻之以应绳墨⑧，百兽可教之以战陈⑨，畜牲可习之以进退，沉鳞⑩可动之以声音，机石⑪可感之以精诚，又况乎含五常⑫而禀最灵者哉！

【注释】

①终朝：一个早晨。②追影之足：指奔跑迅速的骏马。③遐济：渡河而至远方。遐，远方。济，渡河。④无外：无穷，无所不包。⑤披玄云：拨开乌云。披，拨开。⑥舒竹帛：阅读书籍。舒，舒展，这里指阅读，因过去文章写在竹简或帛书上，阅读时有一个“展开”的动作，故称。竹帛，竹简和帛书，代指书籍。⑦泥涅（niè）：本指黑泥，此处指用泥土烧制瓷器。⑧绳墨：古代木工用来画直线的一种工具。⑨陈（zhèn）：通“阵”，战阵。⑩沉鳞：水中的鱼。⑪机石：弓箭和石头。⑫五常：指人应拥有的五种最基本的品格和德行，仁、义、礼、智、信。

【译文】

“想在一个早上就走千里之远，必须借助于奔跑迅速的骏马；想要渡过江河到达远方，必须是乘坐舟船这些器具的缘故；想要不出门就能获得无所不包的见识，必须凭借书籍；想要探测事情的深邃微妙而不使精神疲倦，必须有名师教导。这就是红色、绿色能改变白色的丝绸，训导教诲能移除愚昧无知的方法。拨开乌云让太阳的光芒尽情释放，世间万物就无法隐藏自己的形状；阅读书籍考察古今，天地就无法隐藏自己的真实情况，更何况是鬼神呢？更何况是人间事务呢？可以让泥土同金玉一样坚固，可以让弯曲的木头像绳墨一样直，可以让各种野兽排成战列去战斗，可以让牲畜学着进退有序，可以用声音让水中的鱼浮出水面，可以用真诚来打动弓箭和石头，更何况是身含五常之性而且天生最有灵性的人类呢！

【原文】

“低仰[①]之驷[②]，教之功也；鸷击之禽[③]，习之驯也。与彼凡马野鹰，本实一类，此以饰[④]贵，彼以质贱。运行潦[⑤]而勿辍，必混流乎沧海矣；崇[⑥]一篑[⑦]而弗休，必钧高乎峻极矣。大川滔漾，则虬[⑧]、螭[⑨]群游；日就月将，则德立道备。乃可以正梦乎丘、旦[⑩]，何徒解桎乎困蒙哉！

【注释】

①低仰：马拉着车时合着脚步节奏地一低一仰、井然有序的样子。②驷（sì）：古代同拉一辆车的四匹马。③鸷（zhì）击之禽：人们训练用来搏击擒杀其他鸟类的猛禽，比如猎鹰一类。鸷，本指鹰、雕这类猛禽，此处为动词，指凶猛。④饰：本指装饰，此处指训练。⑤行潦（háng lǎo）：道路上淤积的雨水。⑥崇：堆积。⑦篑（kuì）：古代盛土用的筐子。⑧虬（qiú）：虬龙，是古代传说中有角的龙。⑨螭（chī）：螭龙，是古代传说中没有角的龙。⑩丘、旦：孔子和周公姬旦。

【译文】

“拉车行走时的四匹马合着脚步节奏一低一仰、井然有序，是训练的结果；凶猛攻击其他鸟类的猎鹰，是反复练习才驯服的。它们和那些普通的马、野生的鹰，其实本来是一样的，它们因为被训练而显得贵重，那些普通的马和野生的鹰因为保有先天的本性而显得低贱。路上的雨水只要不停地淤积，必然会像海那样大；不停地一筐土一筐土地堆积，必然能像山那么高。大河波涛汹涌，那么成群的虬龙、螭龙就会畅游其中；日积月累地学习，那么道德就可以树立、完备。于是可以安然地梦见孔子和周公，何止是仅仅摆脱因愚钝而陷入的困境呢！

【原文】

“昔仲由冠鸡带豚[①]，霎[②]羹珥[③]鸣蝉，杖剑而见，拔刃而舞，盛称南山之劲竹，欲任掘[4]强之自然；尼父[5]善诱，染以德教，遂成升堂之生，而登四科之哲。子张[6]鄙人，而灼聚[7]凶猾，渐渍道训，成化名儒，乃抗礼于王公，岂直免于庸陋！

【注释】

①豘（tún）：通“豚”，指猪。②雙：通“双”。③珥：剑鼻，指剑柄上端向侧面突出似耳朵的部分。④掘：通“倔”。⑤尼父：孔子。父，通“甫”，古代对男子的一种美称。⑥子张：孔子的弟子颛孙师，字子张，春秋末年陈国人。⑦灼聚：应为“涿聚”，是孔子的一个颜姓弟子，据传当过强盗。

【译文】

“从前子路头上戴着雄鸡形状的帽子，腰间束着公猪尾巴做成的饰品，剑的双珥装饰着鸣叫的蝉，他手执利剑来见孔子，拔出利刃就开始舞动，极力称赞南山上刚劲的竹子，想顺应本性做一个倔强凶暴的人；孔子善于诱导，用道德教育来熏染他，于是子路成了孔子比较优秀的学生，而且在德行、言语、政事、文学四门中都有所成就。子张是个粗俗的人，而颜灼聚凶恶狡猾，但他们在道德学问的浸染下，变成了有名的儒者，能够获得与王公贵族们同等的礼敬，难道仅仅是免除了庸俗粗陋吗！

【原文】

“以是贤人悲寓世之倏忽，疾泯没之无称；感朝闻[1]之弘训，悟通微之无类；惧将落之明戒，觉罔念之作狂；不饱食以终日，不弃功于寸阴；鉴逝川之勉志，悼过隙之电速；割游情之不急，损人间之末务；洗忧贫之心，遣广愿之秽，息畋猎[2]、博弈[3]之游戏，矫昼寝坐睡之懈怠；知徒思之无益，遂振策于圣途。学以聚之，问以辩[4]之，进德修业，温故知新。

【注释】

①朝闻：出自《论语·里仁》：“朝闻道，夕死可矣。”意为早上明白了道理，就算当晚死去也不会觉遗憾了。②畋（tián）猎：打猎。③博弈：本指六博和围棋，此处指古代掷采下棋的比赛游戏。④辩：通“辨”，辨析。

【译文】

“因此贤德的人悲伤于生活在人世的时间短暂，担忧死后没有名声留世；有感于孔子‘朝闻道，夕死可矣’的伟大训导，明白无论任何人通过学习都能洞察微妙的道理；恐惧于不学习就会如枯叶一般凋落的明白告诫，觉悟到即使圣人如果心无善念也将成为癫狂之徒；不再饱食终日，不浪费每一寸光阴；有鉴于孔子‘逝者如斯’而自勉其志，悲伤地怀念如白驹过隙、像闪电般迅速流逝的时间；抛开那些无需急着做的事情，减少人间的世俗琐事；清除心中对贫穷的忧虑，遣散众多秽浊的欲望；停止打猎、下棋等游戏，矫正白天睡觉、坐着打盹的懈怠行为；知道光想是没有用的，于是鞭策自己走上圣人的道路。不断学习以积累知识，不断提问以辨析疑难问题事理，增进道德修习学业，温习学过的知识以获得新的理解和心得。

【原文】

“夫周公上圣，而日读百篇。仲尼[①]天纵，而韦编三绝。墨翟[②]大贤，载文盈车；仲舒[③]命世，不窥园门。倪宽[④]带经以芸钽[⑤]，路生[⑥]截蒲以写书，黄霸[⑦]抱桎梏以受业，宁子[⑧]勤夙夜以倍功。故能究览道奥，穷测微言，观万古如同日，知八荒若户庭，考七耀之盈虚，步三、五之变化，审盛衰之方来，验善否于既往，料玄黄于掌握，甄未兆以如成。故能盛德大业，冠于当世，清芳令问，播于罔极也。

【注释】

①仲尼：孔子。②墨翟（dí）：战国时期著名的思想家、教育家、科学家、军事家墨子，名翟，东周春秋末期战国初期宋国人，创立了墨家学派。③仲舒：西汉思想家、哲学家、政治家、教育家董仲舒，著有《天人三策》《春秋繁露》，提出罢黜百家、独尊儒术的主张，被誉为公羊大师、儒家大儒。④倪宽：西汉人兒宽，字仲文，曾奉诏与司马迁等共定《太初历》。⑤芸钽（chú）：锄草。芸，通“耘”。钽，通“锄”。⑥路生：西汉人路温舒，字长君，信奉儒家学说。⑦黄霸：字次公，是历经汉武帝、汉昭帝和汉宣帝三朝的西汉名臣，被视作“循吏”的代表。⑧宁子：战国时中牟人宁越，文武双全，用武能以力取胜，用文能以德取胜。

【译文】

“周公是德智超群的人，每天还要阅读一百篇文章；孔子是天赋奇才，还把编书的绳子都翻断了。墨翟是非常有道德才能的人，外出时还要带着满满一车的书籍；董仲舒是闻名于当世的大儒，却为了学习而三年没看庭院一眼。兒宽下地锄草还带着经书，路温舒用截断的蒲草来写字，黄霸身在牢狱还不忘向人学习，宁越不分昼夜地加倍用功学习。因此他们能够透彻地看到道的奥秘，完全地理解微妙隐微的言论，观察远古的历史如同观察今天的情况一样，了解荒野之地的事情就像了解自家庭院中的事情一样，考察日、月、五星的盈满和亏缺，推断三辰五星的变化，反复分析将来的繁盛和衰败，验证过去的正确与错误，预测天地的变化就如同尽在掌握之中，甄别没有先兆的事情就像已发生过一样。因此他们能够拥有高尚的品德，成就伟大的事业，名冠当世，让高洁的品德和美好的名声永久流传下去。

【原文】

“且夫闻商羊[①]而戒浩漾，访鸟砮[②]而洽东肃，咨萍实而言色味，讯土狗而识坟羊[③]，披《灵宝》[④]而知山隐，因折俎[⑤]而说专车，瞻离毕[⑥]而分阴阳之候，由冬螽[⑦]而觉闰余[⑧]之错，何神之有？学而已矣。夫童谣犹助圣人之耳目，岂况《坟》《索》[⑨]之弘博哉！

【注释】

①商羊：古代传说中的一种神鸟，每当大雨来临前，会屈着一只脚在田间飞舞。②砮（nǔ）：石制的箭镞（zú）。③坟羊：古代传说中生长于土中的一种形似羊的怪物。④《灵宝》：道教典籍《灵宝经》。⑤折俎（shé zǔ）：古代祭祀、宴会时，将牲体肢解后放在俎中。俎，盛牲体的礼器、食器。⑥离毕：月亮运行到毕星的位置上。离，通“罹”，遇到。⑦螽（zhōng）：螽斯，是一种形似蝗虫的昆虫，也称蝈蝈、螽斯儿。⑧闰余：闰月，这里指历法上闰月的安排。⑨《坟》《索》：《三坟》（伏羲、神农、黄帝之书）和《八索》（《左传》记载的一本古书名），此处指古代的文献典籍。

【译文】

“再说孔子一听说商羊屈足起舞就告诫人们暴雨即将来临，被人问及射鸟的石制箭镞就熟知陈国与肃慎国的历史掌故，被人咨询浮萍的果实就能说出它的颜色、味道，被人询问埋在土中的狗就认出那是坟羊，一翻阅《灵宝经》就知道它曾被藏在山中，顺着俎案上的牲体就能阐明专车的由来，看到月亮与毕星相遇就能预言下雨还是天晴，由冬天的螽斯而觉察到历法上闰月设置的错误，这有什么神奇的呢？不过是学习的结果罢了。童谣尚且能帮助圣人获取知识，更何况博大精深的古代文献典籍呢！

【原文】

“才性有优劣，思理有修短，或有夙知而早成，或有提耳而后喻。夫速悟时习者，骥騄①之脚也；迟解晚觉者，鹑②鹊之翼也。彼虽寻飞绝景，止而不行，则步武③不过焉；此虽咫尺以进，往而不辍，则山泽可越焉。明暗之学，其犹兹乎？

【注释】

①骥騄（jì lù）：骏马名。骥，古代指好马。騄，古代一种行速极快的良马。②鹑（chún）：鹌鹑。③步武：古代一种长度计量单位，此处指距离很近。古代以六尺为步，半步为武。

【译文】

“人的才能天分有优劣之分，思辨能力也长短不齐，有的人很早就能明白因而很早就有所成就，有的人则要耳提面命地教导才能明白。那些学起来用时很短、很快就能领悟的人，就像腿脚快速奔跑的骏马；那些理解能力差、领悟得慢的人，就像那翅膀飞得很慢的鹌鹑和喜鹊。前者虽然寻常的奔跑也能超越阳光的速度，但如果止步不前，连三尺远的距离也过不去；后者虽然只能一尺一尺地慢慢向前飞，但如果不停地前行，则连大山大湖也能飞越过去。聪明人和愚昧者的学习，大概也是这个道理吧？

【原文】

“盖少则志一而难忘，长则神放而易失，故修学务早，及其精专，习与性成，不异自然也。若乃绝伦之器，盛年有故，虽失之于旸谷①，而收之于虞渊②。方知良田之晚播，愈于卒岁之荒芜也。日烛之喻③，斯言当矣。

【注释】

①旸（yáng）谷：也称“汤谷”，是古代传说中太阳升起的地方。形容人年轻的时候。②虞渊：也称隅谷（yú），是古代中国神话传说中太阳落下的地方。比喻老年。③日烛之喻：日光和烛光的比喻，引自西汉刘向《说苑·建本》中师旷的一句话：“少而好学，如日出之阳；壮而好学，如日中之光；老而好学，如炳烛之明。炳烛之明，孰与昧行乎？”

【译文】

“大概是人们年少时精神专一因而学东西不容易忘记，年纪大了精神就会分散因而学东西就容易忘记，因此学习务必尽早努力，等到精深专一，习惯后就与本性生成的一样，和与生俱来的没什么差别。至于那些出类拔萃的人，如果在年轻时因故无法学习，虽然失去了早年学习的机会，但可以在中晚年补回来。这样才知道在良田中晚播种，也好过任良田终年荒芜。师旷当年的日光和烛光的比喻，说得真是十分恰当啊。

【原文】

“世道多难，儒教沦丧，文、武①之轨，将遂凋坠。或沉溺于声色之中，或驱驰于竞逐之路。孤贫而精六艺②者，以游③、夏④之资，而抑顿乎九泉⑤之下；因风而附凤翼者，以驽庸之质，犹回遑乎霞霄之表。舍本逐末者，谓之勤修庶几；拥经求己者，谓之陆沉迂阔。于是莫不蒙尘触雨，戴霜履冰，怀黄握白，提清挈肥，以赴邪径之近易，规朝种而暮获矣。

【注释】

①文、武：指周文王与周武王。②六艺：儒家的六经，即《周易》《尚书》《诗经》《礼记》《乐经》《春秋》。③游：孔子弟子言偃，字子游。④夏：孔子的弟子卜商，字子夏。⑤九泉：本指黄泉、地下深处，此处指社会最底层。

【译文】

“人世间多灾多难，儒家学说日渐没落，周文王和周武王的修身治国之道，也将从此衰败。有的人沉溺于淫声与女色之中，有的人驰骋在争名夺利的道路上。那些孤苦贫寒但精通儒家六经的人，有着像子游、子夏一样杰出的才华，却被压制在社会最底层；那些趋炎附势攀附权贵的人，只有驽马一样平庸的才干，却爬上了社会的最高层。舍弃根本学问追逐细枝末节的人，被视作勤奋努力堪比圣贤；抱着经典苦读且严格要求自己的人，被视作愚昧迂腐不合时宜。于是人们无不冒着尘埃迎着风雨，头顶寒霜脚踏坚冰，怀揣黄金手握白银，手提清酒和肥肉，奔赴容易走的邪恶捷径，谋求早上播种晚上就能收获的效果。

【原文】

“若乃下帷高枕，游神九典①，精义赜②隐，味道居静，确乎建不拔之操，扬青于岁寒之后，不揆③世以投迹，不随众以萍漂者，盖亦鲜矣。汲汲于进趋，悒④闷于否滞者，岂能舍至易速达之通涂，而守甚难必穷之塞路乎？此川上所以无人，《子衿》⑤之所为作，愍⑥俗者所以痛心而长慨，忧道者所以含悲而颓思也。

【注释】

①九典：《汉书·艺文志》中指《诗经》《尚书》《礼记》《周易》《春秋》等，说法不一。此处泛指古代的经典著作。②赜（zé）：奥妙。③揆（kuí）：揣测，揣度。④悒（yì）：忧愁不安。⑤《子衿》：《诗经·国风·郑风》中的一首诗，批判当时的教育衰落。⑥愍（mǐn）：通“悯”。同情，怜悯。

【译文】

“至于那些不必为贫困担忧而放下帷幕潜心修学，将全部精力投入到古代经典著作中，研究其中的精义，探索其中的奥妙，体味大道并安居静处，真正拥有坚固不可改变的操守，像松柏一样在寒冬之后还能显现青翠，不揣摩世风就投身于社会，不像浮萍随水漂荡般追随大众的人，大概也很少了。急切地想往上爬，为仕途不畅而闷闷不乐的人，怎么能够放弃最容易且最快到达目的地的畅通无阻之道，而守着十分艰难且必定狭窄的堵塞不通之路呢？这就是河边之所以没人再发出孔子那样的感叹，《子衿》之所以被人们创作出来，怜悯社会的人之所以痛心疾首而发出长长的叹息，担忧人生大道的人之所以感到悲伤沮丧的原因。

【原文】

"夫寒暑代谢，否终则泰，文武迭贵①，常然之数也。冀群寇毕涤，中兴在今，七耀遵度，旧邦惟新，振天惠②以广埽③，鼓九阳之洪炉，运大钧乎皇极，开玄模以轨物。陶冶庶类，匠成翘秀，荡汰积埃，革邪反正，戢④干戈，橐⑤弓矢，兴辟雍之庠序，集国子，修文德，发金声，振玉音。降风云于潜初，旅束帛乎丘园。令抱翼之凤，奋翮⑥于清虚；项领之骏，骋迹于千里。使夫含章抑郁、穷览洽闻者，申公⑦、伏生⑧之徒，发玄纁⑨，登蒲轮，吐结气，陈立素⑩，显其身，行其道，俾圣世迪唐、虞之高轨，驰升平之广途，玄流沾于九垓，惠风被乎无外。五刑⑪厝而颂声作，和气洽而嘉穟⑫生，不亦休哉！

【注释】

①文武迭贵：文臣、武将交替显贵。一般文臣在太平盛世显贵，武将在动乱时显贵。②天惠：应为"天彗"，指天上的彗星。③埽（sǎo）：通"扫"，打扫。④戢（jí）：收藏，收敛。⑤橐（tuó）：口袋，此处用作动词，指装入口袋。⑥翮（hé）：鸟的翅膀。⑦申公：西汉时鲁国人，著名的经学大师、今文诗学"鲁诗学"的开创者，以传播《诗经》闻名于世。⑧伏生：字子贱，西汉济南（今山东滨州市邹平县韩店镇苏家村）人，曾为秦博士，在秦始皇焚书时将《尚书》藏于墙壁中，汉初时用仅存二十九篇的《尚书》，以教齐鲁之间，后世称《今文尚书》。⑨玄纁（xūn）：本指黑色和浅红色的布帛，此处指帝王用来延聘贤士的礼品。⑩立素：应为"玄素"。玄，黑色的墨。素，写字用的白绢。⑪五刑：本指先秦时的墨（刻面）、劓（yì，割鼻）、剕（fèi，砍脚）、宫（阉割）、大辟（斩首）这五种刑罚，此处指各种刑罚。⑫穟：通"穗"。

【译文】

"寒冷和暑热交替出现，苦难尽头就是平顺，文臣和武将交替显贵，这是必然的规律。希望清除晋王朝之外的所有敌对势力，使国家的中兴局面马上出现，日、月、五星按正常的秩序运行，使旧的邦国不断革新，挥动形如扫帚的天彗清扫辽阔的太空，鼓动太阳让天地这个巨大的熔炉变得更炽热，把大道作为帝王治国的最高准则，开启玄妙的模子以规范万物。教化民众，造就良才，荡涤积累的尘埃，改变邪恶为正义，收起武器，装起弓箭，兴办国学、学校，召集学子，学习礼乐教化，发出金玉之音。为隐士们提供成就伟业的机会，将聘请的礼品送达他们的隐居之地。让收着翅膀的凤凰，在天空翱翔；让强健的骏马，尽情奔跑于千里之外。假如让那些胸怀美才却抑郁不得志、博览群书、见识广博的人，比如像申公、伏生这样的人，发给他们玄纁这样的礼聘，让他们登上蒲草缠轮的聘贤车子，一吐心中的郁结之气，著书立说，显贵其身，推行其道，使当今圣明的时代能走上尧、舜时代的繁荣之路，在歌舞升平的大道上驰骋，君主的恩泽流布四面八方，恩惠之风吹遍整个天下。各种刑罚弃置不用而颂扬之声大作，阴阳之气融合而长出有祥瑞之兆的一茎多穗的禾穗，不是很美好吗！

【原文】

“昔秦之二世，不重儒术，舍先圣之道，习刑狱之法。民不见德，唯戮是闻。故惑而不知反迷之路，败而不知自救之方，遂堕坠于云霄之上，而韲粉乎不测之下①。惟尊及卑，可无鉴乎？”

【注释】

①韲（jī）粉：粉身碎骨。

【译文】

“前秦朝的两代皇帝，不重视儒家思想，舍弃古代圣人的学说，只让人们学习刑法处罚。百姓没有看到帝王的恩德，只听到帝王的残酷杀戮。因此先秦的两代皇帝根本不懂得迷途知返，失败了也不知道自救的方法，于是就从云霄之上坠落了下来，跌入深不可测的崖底摔得粉碎。从最尊贵处到最低贱处，难道没有值得引以为戒的吗？”

崇教

【题解】

崇教即重视教育。崇，重视，崇尚。本篇的主题是阐述教育、学习的重要性，和《勖学》篇不同的是，本篇从国家政治的角度出发，认为教育的好坏决定着一个国家的生死存亡，君主应以身作则，督促人们从学向善。

【原文】

抱朴子曰："澄视于秋毫者，不见天文之焕炳；肆心于细务者，不觉儒道之弘远。玩鲍者忘茝蕙①，迷大者不能反。夫受绳墨者无枉刳②之木，染道训者无邪僻之人。饰治之术，莫良乎学。学之广在于不倦，不倦在于固志。志苟不固，则贫贱者汲汲于营生，富贵者沉伦③于逸乐。是以遐览渊博者，旷代而时有；面墙之徒，比肩而接武也。

【注释】

①茝蕙（chǎi huì）：茝与蕙皆为香草名。茝，一说读作zhǐ，即白芷。②枉刳（kū）：指剖锯得歪斜、不直。枉，歪斜、弯曲。刳，剖开，此处指锯开。③沉伦：即沉沦。伦，通"沦"。

【译文】

抱朴子说："只注意看清秋天鸟兽身上新生细毛的人，看不到天上的日、月、星辰的光芒；只在小事上用心的人，无法领悟到儒家学说的博大精深。成天摆弄腥臭的咸鱼的人会忘记茝和蕙的香气，过分沉迷的人不能迷途知返。被弹过墨线的木材不会剖锯得歪歪斜斜；接受学问的教诲的人不会邪恶乖戾。改造培养人的方法，没有比学习更好的了。要想学问广博就要孜孜不倦地学习，要想孜孜不倦地学习就要有坚定的志向。志向如果不坚定，贫贱的人就会忙于谋生，富贵的人就沉沦在安逸享乐中。因此，博览群书知识渊博的人，几代也难以出现一个；而不学无术的人，却是比肩接踵哪里都是。

【原文】

“若使素士则昼躬耕以糊口，夜薪火以修业；在位则以酣宴之余暇，时游观于劝诫，则世无视内①，游、夏不乏矣。亦有饥寒切已，藜藿不给②，肤困风霜，口乏糟糠，出无从师之资，家有暮旦之急，释耒③则农事废，执卷则供养亏者，虽阙学业，可恕者也。所谓千里之足，困于盐车之下；赤刀之矿，不经欧冶之门者也。

【注释】

①视内：应为“视肉”，指视肉而食的野兽。②藜藿（lí huò）：指粗劣的饭菜。藜，一种野菜。藿，豆叶。③耒（lěi）：古代的一种农具。

【译文】

“如果让贫寒的读书人白天亲自种地以糊口，晚上点燃灯烛来学习；如果当官的人在酣畅宴饮的余暇里，时不时地看看勉励和劝诫的箴言，世上就不会有像禽兽一样的人，也就不会缺乏子游、子夏那样的贤人了。也有一些人忍饥挨冻，粗劣的饭菜都吃不饱，身体遭受风霜的侵袭，连糟糠之食都没有，想出门学习却没有拜师求学的钱财，家中时不时有危难之事，放下农具就没人干活，拿起书卷就缺衣少食的人，即使耽误了学业，也是可以被原谅的人。这就是所说的千里马虽能日行千里，却处于拉盐车的困境；也好比能铸造赤刀那样的宝刀的矿石，却进不了欧冶子那样的铸剑名匠的家门一样。

【原文】

“若夫王孙公子，优游贵乐，婆娑绮纨之间，不知稼穑之艰难，目倦于玄黄，耳疲乎郑、卫①，鼻餍乎兰麝，口爽于膏粱；冬沓貂狐之缊丽，夏缜纱縠②之翩飘；出驱庆封③之轻轩，入宴华房之粲蔚，饰朱翠于楹棁，积无已于篚匮④；陈妖冶以娱心，湎醽醁⑤以沉醉，行为会饮之魁，坐为博奕⑥之帅。省文章既不晓，睹学士如草芥；口笔乏乎典据，牵引错于事类。剧谈则方战而已屈，临疑则未老而憔悴。虽叔⑦

麦之能辩，亦奚别乎瞽瞶[8]哉！”

【注释】

①郑、卫：先秦时郑国和卫国的音乐，后泛指靡靡之音。②縠（hú）：指质地轻薄、纤细透亮、表面起绉的平纹丝织物，也称绉纱。③庆封：姜姓，庆氏，字子家、季，是春秋时齐国大夫，曾和崔杼联合弑杀齐庄公，立齐灵公的幼子杵臼为君，即齐景公。④箧匮（qiè kuì）：箱柜。⑤醽醁（líng lù）：古代的一种美酒，呈绿色。⑥博奕：即“博弈”。⑦叔：通“菽”，指豆类。⑧瞽瞶（gǔ kuì）：眼盲。

【译文】

“至于那些王孙贵族，悠闲地享受着富贵的生活，生活奢靡，不知道种地的艰难，看厌了绚丽的色彩，听腻了靡靡之音，闻烦了兰草麝香的气息，吃伤了美味的食物；冬天身穿一层又一层的貂皮狐皮制成的华袍，夏天身穿轻薄飘逸的纱衣；出门乘坐庆封乘坐的那种轻便华美的马车，进门吃饭饮酒的地方是华美璀璨的厅堂；用大红大绿的颜色装饰柱子，用数不清的珍宝填满箱柜；排列美女来使心情愉快，沉湎在美酒之中以求酣醉；外出交际是喝酒最厉害的，坐下来游戏是博弈最厉害的。看不懂文章，却看不起读书人；说话写文章不能引经据典，引用事例总是牵强谬误。激烈辩论才开始就理屈词穷，遇到疑难问题总是还没衰老就感觉困顿不堪。虽然他们能够分辨豆子和麦子，又和瞎子有什么分别呢！”

【原文】

抱朴子曰：“盖闻帝之元储，必入太学，承师问道。齿于国子者，以知为臣，然后可以为君；知为子，然后可以为父也。故学立而仕，不以政学，操刀伤割，郑乔[1]所叹。触情纵欲，谓之非人。而贵游子弟，生乎深宫之中，长乎妇人之手，忧惧之劳，未常经心。或未免于襁褓之中，而加青紫之官；才胜衣冠，而居清显之位。操杀生之威，提黜陟[2]之柄；荣辱决于与夺，利病感于唇吻。爱恶无时暂乏，毁誉括厉于耳；嫌疑象类，似是而非，因机会以生无端，藉素信以设巧言，交构之变，千端万绪，巧筭[3]所不能详，毫墨所不能究也。无术学，则安能见邪正之真伪、具古今之行事？自悟之理，无所感假，能无倾巢覆车之祸乎！

【注释】

①郑乔：姬姓，氏公孙，名侨，字子产，号成子，是春秋时期郑国杰出的政治家、思想家，曾有“犹未能操刀而使割也，其伤实多”的感叹。②黜陟（chù zhì）：指人才的进退，官吏的升降。③筭（suàn）：通“算”，计算。

【译文】

抱朴子说：“听说皇帝的太子，必须进太学，接受师教以获得学问。让太子和贵族子弟一起学习，是为了让太子知道怎么做臣子，然后才能够去做国君；让太子知道怎么当儿子，然后才能够去当父亲。因此学有所成才能做官，不能通过政事去学习，好比不会用刀的人持刀会伤人，就像郑国的子产叹息的那样。情感一有触动就放纵欲望，是禽兽。而贵族子弟，在深宫中出生，在妇人的抚养下长大，担忧、恐惧的痛苦，从来没有经历过。有的尚在襁褓之中，就被授封高官厚爵；有的刚刚能够穿戴成人的衣帽，就身居清要显达的位置。他们掌握着生杀大权，掌握着升迁贬谪的大权；他们的给予或是剥夺决定着他人的荣耀或耻辱，他们的言语决定着别人是获利还是受损。他们的喜好、厌恶一刻也不停止，满耳都是诽谤或称誉；这些毁誉表面看来很合理，实际却似是而非，因此有的人就借机生出无端的是非，有的人仗着平素被信任而设计出花言巧语，于是人们相互构陷，生出的事端千变万化，巧妙的计算也不能算清，笔墨也难以穷究。没有学术知识，怎么能发现邪恶、正直的真伪，掌握自古以来的做事方法呢？自己领悟出的道理，不是学习得来的感悟，怎么能不招致巢毁车翻的灭亡之灾呢？

【原文】

“先哲居高，不敢忘危，爱子欲教之义方，雕琢切磋，弗纳于邪伪。选明师以象成[①]之，择良友以渐染之，督之以博览，示之以成败，使之察往以悟来，观彼以知此，驱之于直道之上，敛之乎检括之中，懔乎若跟挂于万仞，慄然有如乘奔以履冰。故能多远悔吝，保其贞吉也。

【注释】

①象成：疑应为“匠成”，造就。

【译文】

“先辈哲人虽身居高位，也不敢忘记危险，先辈哲人疼爱儿子就用道义来教导他，精心培养他的品德，不让他沾染任何邪恶虚伪的品质。选择明师来培养他，选择良友来影响他，督促他博览群书，使他考察以往以悟知未来，看见那个而知道这个，让他走上正直的路，受到规矩制度的管束，战战兢兢就像用脚跟倒挂在万丈深渊边缘，小心翼翼就像骑着奔马踏在冰上。因此能够更多地远离祸患，保持美好的品德和吉祥的命运。

【原文】

“昔诸窦蒙遗教①之福，霍禹②受率意之祸，中山、东平③以好古而安，燕剌④由面墙而危。前事不忘，今之良鉴也。汤、武染乎伊、吕，其兴勃然；辛、癸⑤染乎推、崇，其亡忽焉。朋友师傅，尤宜精简。必取寒素德行之士，以清苦自立，以不群见惮者。其经术如仲舒、桓荣者⑥，强直若龚遂、王吉者⑦，能朝夕讲论忠孝之至道，正色证存亡之轨迹，以洗濯垢涅⑧，闲邪矫枉。宜必抑情遵宪法，入德训者矣。

【注释】

①遗教：死者遗留下来的对人有教育指导意义的学说、主张等，此处指黄帝、老子学说。②霍禹：西汉大臣，霍光之子，曾任右将军、大司马等职，后被削去兵权，遂阴谋反叛，被发觉，腰斩。③中山、东平：中山王、东平王。④燕剌（là）：燕剌王，汉武帝之子，元狩六年（前117）封燕王，后与长公主联合叛乱，事泄，畏罪自杀，谥号剌。⑤辛、癸：商纣、夏桀。商纣即商朝的亡国之君，名辛，子姓，名受德。夏桀，姒姓，名癸。⑥桓荣：字春卿，东汉初年的名儒、大臣。⑦龚遂、王吉：刘贺继位后，骄奢淫逸，龚遂和王吉屡次劝谏，刘贺仍不改正，最终在位二十七天遭废，刘贺的属臣二百多人都遭诛杀，只有龚遂与王吉因多次规劝免于一死，但剃发判处四年徒刑。⑧垢涅：污秽。

【译文】

“从前窦皇后的族人因接受黄帝、老子的遗训而获得福祉，霍禹因为轻率行事而招致灾祸，中山王、东平王凭借崇尚古学而安然无恙，燕刺王因不学无术而招致危难。汲取从前的经验教训，作为今天的良好借鉴。商汤王、周武王受到伊尹、吕尚的影响，所以迅速兴起；商纣、夏桀受到推哆（chǐ）、崇侯的影响，所以迅速灭亡。朋友和老师，尤其应该精心挑选。一定要选取出身寒微但品德良好的人，他们能够在清苦的生活中自立，因为卓然不群而让别人畏惧。他们要像董仲舒和桓荣有学问，要像龚遂和王吉那样倔强耿直，要能整天讲解论述尽忠尽孝的最高道义，严肃论证事物生存、灭亡的规律，以便洗涤污秽的品性，防止邪恶纠正偏差。这样必定能抑制情欲遵循法度，听取美德的教诲。

【原文】

“汉之末世、吴之晚年则不然焉。望冠盖以选用，任朋党之华誉，有师友之名，无拾遗之实。匪①唯无益，乃反为损。故其所讲说，非道德也；其所贡进，非忠益也。唯在于新声艳色、轻体妙手，评歌讴之清浊，理管弦之长短，相狗马之勦②驽，议遨游之处所，比错涂之好恶，方雕琢之精粗，校弹棋樗蒲③之巧拙，计渔猎相掊④之胜负，品藻妓妾之妍蚩⑤，指摘衣服之鄙野，争骑乘之善否，论弓剑之疏密。招奇合异，至于无限；盈溢之过，日增月甚。

【注释】

①匪：通“非”。②勦（chāo）：敏捷。③樗蒲（chū pú）：从外国传入、始于汉末的一种古代棋类游戏，因游戏中掷采的骰子最初是用樗木制成，故称樗蒲。④相掊（póu）：古代一种类似于摔跤的游戏。⑤妍蚩（yán chī）：美好和丑陋。蚩，同“媸”，丑。

【译文】

“到了汉代末年、吴国晚期，情况就不是这样了。看着达官贵人的脸色来选拔任用人才，听信和对方同派同党的人提供的浮华不实的赞誉来选拔任用人才，虽然在名义上是对方的老师、朋友，实际上却没有补正过对方的过失。这样的官员不但不会带来好处，反而会带来损害。因此他们所讲解论述的事情，是不合乎大道和美德的；他们所荐举的人才，不是忠诚有益的人才。他们只把精力用在新奇的音乐和艳丽的色彩、体态轻盈的舞女和善于弹奏的歌伎上，他们评判的都是歌声是清越还是粗浊，他们调整的都是管弦乐器是长还是短，他们审视的都是狗和马到底是迅捷还是驽钝，他们商议的都是外出游玩的场所，他们比较的都是金银装饰的好坏，他们品鉴的都是玩物是精致还是粗糙，他们比较的都是弹棋、樗蒲时的灵巧与笨拙，他们比试的都是打鱼、狩猎、相扑的胜负，他们品评的都是侍妾、家妓是美还是丑，他们指责的都是衣服的鄙陋粗野，他们攀比的都是车马的优劣，他们讲究的都是弓箭、宝剑的粗糙与精致。他们寻找和积攒各种奇珍异宝，永无休止；他们追求奢侈生活的过错，一天比一天厉害。

【原文】

"其谈宫殿，则远拟瑶台、琼室，近效阿房、林光，以千门万户为局促，以昆明、太液为浅陋，笑茅茨[1]为不肖，以土阶为朴騃[2]。民力竭于功役，储蓄靡于不急，起土山以准嵩、霍[3]，决渠水以象九河[4]；登凌霄之华观，辟云际之绮窗。淫音噪而惑耳，罗袂[5]挥而乱目，濮上、《北里》，迭奏迭起；或号或呼，俾[6]昼作夜。流连于羽觞之间，沉沦乎弦节之侧。

【注释】

①茅茨（cí）：茅草盖的房屋。代指茅舍。②朴騃（ái）：愚钝。此处形容建筑物简陋。③嵩、霍：嵩山和霍山，嵩山在今河南登封，霍山又叫天柱山，在今安徽安庆。④九河：本指黄河的九条支流，此处代指黄河。⑤罗袂（mèi）：丝罗的衣袖，代指华丽的衣着。⑥俾（bǐ）：使，把。

【译文】

"他们谈论宫殿，往远了说就是拿夏桀、商纣时的瑶台、琼室来比，说得近一点就是效法秦朝的阿房宫和林光宫，他们认为千门万户的大型宫殿还是有些局促小气，认为昆明池和太液池还是有点太浅太简陋，他们嘲笑姜草房太不像样，认为土台阶太笨拙。他们把所有的民力都用于修建宫殿河池的劳役上，他们将国库里储蓄的钱财都浪费在不必要的地方，他们堆积土山要做到像嵩山、霍山那样高大，他们开挖水渠要做到黄河那样宽广；他们登上高入云霄的华丽楼阁，打开云雾缭绕、装饰精美的窗户。靡靡之音喧响并迷惑了他们的耳朵，轻纱制成的长袖挥舞起来使他们眼花缭乱，濮上、《北里》这样淫靡、低俗的音乐，此起彼伏；他们一会儿号叫一会儿呼喊，把白天当成了黑夜。他们在酒樽杯盏之间流连，在音乐歌舞之中沉沦。

【原文】

“或建翠翳之青葱，或射勇禽于郊坰[①]；驰轻足于崄[②]峻之上，暴僚隶于盛日之下；举火而往，乘星而返；机事废而不修，赏罚弃而不治。或浮文艘于滉漭[③]，布密网于绿川，垂香饵于涟潭，纵擢歌[④]于清渊，飞高缴以下轻鸿，引沉纶以拔潜鳞；或结罝罘于林麓之中[⑤]，合重围于山泽之表，列丹飙于丰草，骋逸骑于平原，纵卢、猎[⑥]以噬狡兽，飞轻鹞以鸷[⑦]翔禽，劲弩殪[⑧]狂兕[⑨]，长戟毙熊虎。如此，既弥年而不猒[⑩]，历载而无已矣。

【注释】

①郊坰（jiōng）：郊外。②崄（xiǎn）：通“险”，高峻。③滉漭（yàng）：水深广、浩瀚的样子。④擢歌：应为“櫂（zhào）歌”，渔民的歌，渔歌。⑤罝罘（jū fú）：罝、罘本是捕兔的两种网，后泛指捕捉禽兽的网。⑥卢、猎：先秦时的名犬韩卢和宋猎。⑦鸷（zhì）：凶猛击杀。⑧殪（yì）：杀死。⑨兕（sì）：犀牛。⑩猒（yàn）：通“厌”，厌倦。

【译文】

“有的人制造用翠鸟的羽毛装饰做车盖的华美车子，有的人到遥远的郊野之中去射猎猛禽；骑着骏马在险峻的高山上奔驰，让僚属、奴隶在烈日的暴晒下劳作；他们每天天还没亮就举着火把出去游玩，直到晚上天黑才披着星光回来；他们把政务废置一旁不去处理，将赏罚制度抛在脑后而不去用治。有的人在广阔的水面上泛起纹饰精美的船只，在绿色的河流中到处布置渔网，在泛起涟漪的池塘中放饵垂钓，在清澈的潭水上纵声唱起渔歌，向高空射出羽箭并射下鸿雁，拉起钓竿钓到水里的鱼虾；有的人在树林里山坡上设置捕兽之网，在山地沼泽围猎禽兽，在丰茂的草地上密布火炬夜间打猎，在平坦的原野上纵马奔驰，放出韩卢、宋捉那样的猎犬去咬住狡猾的野兽，纵起鹞鹰去捕捉飞翔的游禽，拉开强劲有力的弓箭去射死癫狂的犀牛，举起长柄的利戟去刺倒黑熊和老虎。对于这样的生活，他们整年都不会感到厌倦，几年也不会停止。

【原文】

“而又加之以四时请会，祖送庆贺，要[①]思数[②]之密客，接执贽[③]之嘉宾，人间之务，密勿罔极。是以雅正稍远，遨逸渐笃。其去儒学，缅乎邈矣。能独见崇替之理，自拔沦溺之中，舍败德之崄涂，履长世之大道者，良甚鲜矣。嗟乎！此所以保国安家者至稀，而倾挠泣血者无筭也。

【注释】

①要：通“邀”，邀请。②数（shuò）：非常思念，十分想念。③贽（zhì）：礼物。

【译文】

“而且再加上一年四季的宴请、聚会，祖饯送行和庆节贺喜，邀请非常想念的关系亲密的朋友，接待拿着礼物前来的嘉宾，人世间的这些俗事，再如何努力应酬也没有尽头。因此就会离那些高雅和正当的事情越来越远，趋向嬉游放逸的毛病也日益严重。这样人们离儒家学说，也越来越远了。能够独自认识兴废盛衰的道理，从对奢靡生活的沉溺中走出来，抛弃败坏道德的危险道路，走上长治久安的人生正道，这样的人实在是太少了。可悲啊！这就是之所以能保护国家安全和家庭安稳的人越来越少，而因为国家败亡都痛哭出血的人不计其数的原因。

【原文】

“今圣明在上，稽古济物，坚隄[①]防以杜决溢，明褒贬以彰劝沮；想宗室公族，及贵门富年，必当竞尚儒术，撙[②]节艺文，释老庄之意[③]不急，精六经之正道也。”

【注释】

①隄：通“堤”。②撙（zǔn）：抑制。③意：应为衍文。

【译文】

“如今圣明的皇帝当政，考察古代的历史以济助今天的百姓，加固堤防以杜绝河水决堤，明确褒贬来昭示鼓励和阻止；想来皇族宗室和王公贵族，以及贵族中的年轻人，一定会争相崇尚儒家学说，抑制自己去学习经典文献，放弃并不急需的老子、庄子的学说，而要精通六经阐发的正确理论。”

务正

【题解】

务正即努力做正确的事。务，从事，致力。本篇所谓的正确的事，是指君主要善于纳贤，因为重视人才方能成就大业；君主还要善于用贤，役其所长，避其所短，才能让世无弃材，事无废功。

【原文】

抱朴子曰："南溟引朝宗以成不测之深，玄圃崇本[1]石以致极天之峻。大夏[2]凌霄，赖群橑[3]之积；轮曲辕直，无可阙[4]之物。故元凯[5]之佐登，而格天之化洽；折冲之才周，则逐鹿之奸寝。舜、禹所以有天下而不与，卫灵所以虽骄恣而不危也。

【注释】

①本：应为"木"。②大夏：大厦。夏，通"厦"。③橑（liǎo）：屋椽（chuán）。此处指木材。④阙：通"缺"，缺乏。⑤元凯：也称"元恺""八元八凯"，是上古时代的贤臣。古代传说高辛氏（帝喾）有才子八人，称为"八元"；高阳氏（颛顼）有才子八人，称为"八恺"。后泛指贤臣、才士。

【译文】

抱朴子说："南海收纳江河注入的水而成就了自己不可测量的深广，神仙居住的玄圃重视一木一石而成就自己高耸入天的高峻。大厦高耸云霄，有赖于众多的木材叠加；车轮圆曲、车辕笔直，每一样材料都不能缺少。所以如果像八元八凯那样的辅佐之臣被任用，像上天一样浩瀚深广的德化就能遍施天下；如果能拥有克敌制胜的人才，想要争夺天下的奸佞就会偃旗息鼓。这就是虞舜和大禹虽然拥有天下而不事事都亲自去做，卫灵公虽然傲慢恣纵却没有遇到危险的原因。

【原文】

“众力并，则万钧[①]不足举也；群智用，则庶绩不足康也。故繁足者死而不弊[②]，多士者乱而不亡。然剑戟不长于缝缉，锥钻不可以击断，牛马不能吠守，鸡犬不任驾乘。役其所长，则事无废功；避其所短，则世无弃材矣。”

【注释】

①钧：古代的一种计量单位。三十斤为一钧。②弊：通“毙”，毙命，死掉。

【译文】

“众人的力量合在一起，就能轻松举起万钧重的东西；大家的智慧都用在一处，就能成功处理各种事务。因此，蜈蚣那样的百足之虫即使死去也不会倒下，贤士众多的国家即使动乱也不会灭亡。然而宝剑和长戟不适宜用来缝纫连缀衣服，锥子钻子无法用来砍断东西，牛马不能吠叫看护门庭，鸡和狗不能胜任驾车骑乘一职。利用人们的长处，那么做起事来就没有无效的劳动；避开人们的短处，那么世上就没有该抛弃的人才。”

贵贤

【题解】

贵贤即看重贤能之士。贵，看重，重视。本篇的主题是告诫君王要重视和选拔贤能之士，分别从君主的首要任务就是选拔人才、君主重视人才的重要性、君主要掌握鉴别人才的能力三个方面阐明了主题。

【原文】

抱朴子曰："舍轻艘而涉无涯者，不见其必济也；无良辅而羡隆平者，未闻其有成也。鸿鸾①之凌虚者，六翮②之力也；渊虬之天飞者，云雾之偕也。故招贤用者，人主之要务也；立功立事者，髦俊之所思也。若乃乐治定而忽智士者，何异欲致涂途而弃骐騄哉！

【注释】

①鸿鸾：古代对大雁和凤凰的称呼。②六翮：强健有力的翅膀。

【译文】

抱朴子说："对于舍弃轻便的船只而去涉过浩瀚无边的湖海的人，我不认为他能成功横渡；对于没有好的辅佐之臣而追慕太平盛世的君王，我没听说他能有所成就。鸿雁和鸾凤之所以能在高空翱翔，靠的是强健翅膀的力量；深渊中的虬龙之所以能在天上飞舞，靠的是云雾的帮助。所以招揽贤人、任用人才，是君主最重要的事情；而建立功勋成就事业，是出类拔萃的人的理想。如果向往太平盛世却又忽略那些有才智有谋略的人才，那和想要去到远方却又抛开骐騄那样的骏马又有什么区别呢？

【原文】

"夫拔丘园之否滞，举遗漏之幽人，职尽其才，禄称其功者，君所以待贤者也；勤夙夜之在公，竭心力于百揆①，进善退恶，知无不为者，臣所以报知己也。世有隐逸之民，而无独立之主者，士可以嘉遁而无忧，君不可以无臣而致治。是以傅说、吕尚不汲汲于闻达者，道德备则轻王公也；而殷高、周文乃梦想乎得贤者，建洪勋必须良佐也。

【注释】

①百揆（kuí）：处理各种政务。

【译文】

“选拔被埋没在山林丘野的人才，提举被遗漏的隐逸之士，让他们在适当的职位上尽情发挥他们的才干，让他们的俸禄与他们的功劳相称，这是君王对待贤能之士的办法；为了国家从早到晚地勤奋工作，竭尽所能地处理各种政务，进谏善言弹劾恶人，知道应该做的事而无不去做，这是臣子报答对自己有知遇之恩的君王的态度。世上有隐逸的臣民，而没有不需要臣子辅佐的君王；士人可以适时退隐而身心无忧，君王不可能没有辅佐的臣子而治理好国家。因此，傅说、吕尚这样的贤能佐臣之所以不会急着追求显达，是因为只要掌握了大道至理、获得了德行修养就能傲视君王与诸侯；而商高宗、周文王之所以做梦都想得到贤能之人，是因为建立大的勋业必须要有优秀的辅佐之臣。

【原文】

“患于生乎深宫之中，长乎妇人之手，不识稼穑之艰难，不知忧惧之何理，承家继体，蔽乎崇替。所急在乎侈靡，至务在乎游晏[①]，般于畋猎，湎于酣乐，闻淫声则惊听，见艳色则改视。役聪用明，止此二事；鉴澄人物，不以经神。唯识玩弄可以悦心志，不知奇士可以安社稷。犀象珠玉，无足而至自万里之外；定倾之器，能行而沦乎四境之内。二竖[②]之疾既据而募良医，栋桡[③]之祸已集而思谋夫，何异乎火起乃穿井、觉饥而占田哉！夫庸隶犹不可以不拊循而卒尽其力，安可以无素而暴得其用哉！”

【注释】

①游晏：应为“游宴”，游乐宴请。②二竖：本指晋景公梦见的两个小

人，后用来指代病魔。③栋桡（náo）：本指屋梁脆弱曲折，此处比喻形势危急。

【译文】

“令人担心的是一些君王生于深宫之中，长于妇人之手，不懂得耕种庄稼的艰难，不知道忧愁恐惧是怎么回事，虽然继承了帝位，却对国家兴废、盛衰的规律一无所知。他们迫切渴望的是奢侈淫靡的生活，他们努力追求的是游乐宴饮，盘桓沉溺的是狩猎，沉湎的是畅饮美酒的快乐，一听见靡靡之音就竖起耳朵，一看见姿容艳丽的美女就转眼注视。他们的耳聪目明，都是用在这两个方面；他们对鉴别选拔人才的事，完全不放在心上。他们只知道赏玩珍宝可以使人心情愉悦，不知道奇才之士可以让国家安定。犀角、象牙、珍珠、美玉，没有脚却从万里之外来到他们手中；能挽救国家衰退局势的人才，可以行走却在国内沉沦埋没。病入膏肓才去寻找良医，形势危急才想着寻找善于出谋划策的人才，这和火烧起来了才去打井，人觉得饿了才去寻找田地的情况有什么不同呢？才智平庸的奴隶尚且不可以不加抚慰而突然让他卖命地干活，贤能之士又怎能够平素没有获得你的恩宠而突然为你所用呢！”

任能

【题解】

任能即任用能干的人。任，任用。和《贵贤》篇不同，《贵贤》篇主要阐述任用贤人的重要性，本篇的主题在于讨论君主该不该任用才华超过自己的臣子，分别从正反两个方面举证，阐明了观点。

【原文】

或曰："尾大于身者，不可掉；臣贤于君者，不可任。故口不容而强吞之者，必哽；才非匹而安仗之者，见轻。"

【译文】

有人说："如果鱼的尾巴比身子还大，就无法摆动身体；如果臣子比君主还要贤能，就不能任用他。所以嘴巴塞不下的东西却要硬吞下去，必定会噎住；才能与职位无法匹配却还是放心地去倚仗他，就会受到轻视。"

【原文】

抱朴子曰："诡哉言乎！昔者荆子总角而摄相事，实赖二十五老，臻乎惠康；子贱起家而治大邦，实由胜己者多，而招其弘益。齐桓杀兄而立，鸟兽其行，被①发彝②酒，妇闾三百，委政仲父，遂为霸宗；夷吾既终，祸乱亟起。鲁用季子二十余年，内无粃③政，外无侵削；人之亡没，殄瘁响集。岂非才所不逮，其功如彼；自任其事，其祸如此乎？

【注释】

①被（pī）：通"披"，披着。②彝：经常。③粃（bǐ）：同"秕"，不良。

【译文】

抱朴子说："这种说法真是荒谬！从前楚国的荆子还未成年就担任楚相一职，其实是因为他依靠二十五位老者的才智，使百姓获得恩惠、生活幸福；孔子的弟子子贱刚出仕就治理大国，其实是因为他任用了很多比他本人能干的人，从而为国家带来巨大的好处。齐桓公杀死兄长自立为君，行为如同禽兽，披散头发饮酒无度，宫内后妃的住所有三百间之多，把政事委托管仲处理，最终成为一代霸主；管仲去世后，祸乱很快就发生了。鲁国任用季友二十多年，国内没有不良的政事，在外没有受到他国的侵扰；季子一死，灾难立即就到来了。这难道不是君王的才能不及臣子，却建立了如此宏大的功业；而君王自己处理政事时，却导致了如此巨大的祸患吗?

【原文】

“汉高决策于玄帏，定胜乎千里，则不如良、平；治兵多而益善，所向无敌，则不如信、布；兼而用之，帝业克成。故疾步累趋，未若托乘乎逸足；寻飞逐走，未若假伎乎鹰、犬。夫劲弩难彀[1]，而可以摧坚逮远；大舟难乘，而可以致重济深；猛将难御，而可以折冲拓境；高贤难临，而可以攸叙彝伦[2]。

【注释】

①彀（gòu）：拉开弓。②攸叙彝伦：安排好社会的正常秩序，让国家井井有条。彝伦，常理攸叙，犹言“所叙”。使社会秩序井然的方法。

【译文】

“汉高祖在军帐中制定计策、决胜于千里之外的能力，比不上张良、陈平；论统率的军队多多益善、所向披靡的能力，他比不上韩信、英布。但是他能兼用这两方面的人才，所以成就了帝王大业。因此与其自己迈开步子跑个不停，不如骑上飞驰的骏马；与其自己寻找飞鸟追逐走兽，不如借助于敏锐的鹰、犬。强劲的弓弩虽然很难拉开，然而它能够穿透坚甲射达远处；巨大的船只很难驾乘，然而它能够负载重物渡过深水；勇猛的大将很难驾驭，然而他能够克敌制胜开疆拓土；出类拔萃的贤才很难管理，然而他能让国家井井有条。

【原文】

“昔鲁哀庸主也，而仲尼上圣，不敢不尽其节；齐景下才也，而晏婴大贤，不敢不竭其诚。岂有人臣当与其君校智力之多少，计局量之优劣，必须尧、舜乃为之役哉！何事非君？何使非民？耻令其君不及唐、虞，此亦达者之用心也。”

【译文】

“从前春秋时的鲁哀公是个才智平庸的君主，孔子是位大圣人，却不敢不全力坚守臣子的节操；齐景公才能低下，晏婴是位大贤人，却不敢不全力保持臣子的忠诚。哪里有身为臣子的，去和他的君主比较才智的高低，计算器量的大小，必须是唐尧、虞舜那样的圣贤君主才能为其所用呢？什么国君不能侍奉？什么百姓不能驱使？为自己让自己的君主比不上唐尧、虞舜那样建立宏大的功业而感到羞耻，这才是通达之人的想法。”

钦士

【题解】

钦士即敬重贤能之士。钦，钦佩，敬重。本篇在《贵贤》《任能》两篇的基础上进一步深化主题，认为君主还应该敬重贤能之士，并通过列举大量历史事例来反复强调自己的观点。

【原文】

抱朴子曰："由余[①]在戎，而秦穆惟忧；楚杀得臣[②]，而晋文乃喜。乐毅[③]出而燕坏，种、蠡[④]入而越霸。破国亡家，失士者也。岂徒有之者重，无之者轻而已哉！柳惠[⑤]之墓，犹挫元寇之锐，况于坐之于朝廷乎？干木[⑥]之隐，犹退践境之攻，况于置之于端右乎？郅都[⑦]之象，使劲虏振慑；孔明[⑧]之尸，犹令大国寝锋。以此御侮，则地必不侵矣；以此率师，则主必不辱矣。

【注释】

①由余：春秋时晋国人，极富才干，逃亡到戎国做官，秦穆公对此十分担忧，最终设法使其归顺了秦国。②得臣：春秋时楚国的令尹子玉，字得臣，因在楚国和晋国的城濮之战中大败，被楚王斥责而自杀，晋文公为此十分高兴。③乐（yuè）毅：战国时的燕国将军，子姓，乐氏，名毅，字永霸，曾统率燕国等五国联军攻打齐国，连下七十余城，但后来因受燕惠王猜疑而投奔赵国，后大败燕国并收复了齐国的七十余城，让燕惠王悔恨不已。④种、蠡：指文种和范蠡，两个人辅佐越王勾践消灭吴国，让楚国成为霸主。⑤柳惠：春秋时鲁国人柳下惠，展氏，名获，字禽，"柳下"是他的食邑，"惠"则是他的谥号，有"和圣"之称，曾担任鲁国大夫，后隐遁而去。⑥干木：春秋末战国初晋籍魏人，他清高隐居，并在魏文侯月夜登门时，遵从"不为臣不见诸侯"的古训越墙逃避。⑦郅都：西汉汉文帝、汉景帝时的大臣，为人勇敢，公正廉洁 采取以暴制暴的手段治理济南郡，打

击济南豪强，使得周围十多个郡的郡守对他十分畏惧。⑧孔明：三国时期蜀汉丞相诸葛亮，字孔明，他死后仍令司马懿畏惧而不敢攻打蜀国。

【译文】

抱朴子说："由余在戎国做官，而秦穆公为此十分焦虑；楚国杀掉了得臣，而晋文公于是感到高兴。乐毅离开燕国而燕国就衰败了，文种和范蠡来到越国而越国就成为了霸主。国破家亡，是国家失去了贤能之士所致，难道仅仅是有了贤能之士国家就能繁荣昌盛，失去贤能之士国家就会贫穷衰落吗！柳下惠的坟墓，尚且能够挫伤了强敌的锐气，更何况他在朝廷上出谋划策呢？段干木隐居山林，尚且能让踏入国境的敌军撤兵，更何况让他做国家的宰辅重臣呢？郅都的画像，还能让来势汹汹的敌寇感到震惊和恐惧；孔明的尸首，还能让大国不敢进攻蜀国。任用他们来抵御外侮，那么疆土肯定不会被侵夺；任用他们来统率军队，那么国君肯定不会遭受羞辱。

【原文】

"是以明主旅束帛于穷巷，扬滞羽于瘁林，飞翘车于河梁，辟四门而不倦，不吝金璧，不远千里，不惮屈己，不耻卑辞，而以致贤为首务，得士为重宝。举之者受上赏，蔽之者为窃位。

【译文】

因此圣明的君主把聘请贤能之士的礼帛送到隐士居住的偏僻街巷，让被埋没在山野之中的隐士摆脱困苦的处境，让礼聘贤士的车子在道路上不停地奔波，打开延请贤能之士的大门永不懈怠，不吝惜黄金玉璧，不怕路途遥远，不怕委屈自己，不耻于说谦卑的话语，而以招揽贤能之人者为第一位，把得到贤能之士视为获得了珍贵的宝物。举荐贤能之士的人会受到最高的赏赐，埋没贤能之士的人则视其为窃居其位。

【原文】

"故公旦①执贽于白屋，秦邵②拜昌于张生③。邹子④涉境，而燕君拥篲⑤；庄周⑥未食，而赵惠竦立。晋平接亥唐⑦，脚痺⑧而坐不敢正；齐任之造稷丘⑨，虽频繁而不辞其劳。楚王受笞于保申[⑩]，简[⑪]去甲于公庐[⑫]，彼虽降高抑满，以贵下贱，终亦并目以远其明，假耳以广其聪。龙腾虎踞，宜其然也。”

【注释】

①公旦：周公姬旦，是周文王姬昌第四子，周武王姬发的弟弟，曾两次辅佐周武王东伐纣王，并制作礼乐。②秦邵：应为“秦昭”，战国时秦国的秦昭王。③张生：张禄，是战国时秦国名相范雎的化名和又名。④邹子：邹衍，是战国时期齐国哲学家、阴阳家的代表人物。⑤篲：通“彗”，扫帚。⑥庄周：战国中期著名的思想家、哲学家和文学家庄子，姓庄，名周，字子休（亦说子沐），创立庄学，是道家学派的主要代表人物之一。⑦亥唐：春秋时的一位高士。⑧痺：通“痹”，麻痹。⑨稷丘：疑为“小稷”，指春秋时的饮食小臣稷。⑩保申：春秋时楚国的大臣。⑪简：“简”前缺“赵”字。⑫公庐：也称公卢，春秋时晋国的一个将士。

【译文】

“所以周公旦拿着礼物去拜见居住在平民的简陋房屋中的贤能之士，秦昭王向张禄拜求使国家昌盛的治国之策。邹子进入燕国，燕昭王手拿扫帚在前面扫地迎接；庄周还没用饭前，赵惠文王就在一旁战战兢兢地站着。晋平公迎接亥唐时，脚都跪麻了也不敢不正襟危坐；齐桓公拜访小臣稷时，虽然往返多次都没有见到小臣稷但依然不辞辛劳地前往拜访。楚王接受臣子保申的鞭打，赵简子听从将士公庐的劝谏而罢兵，他们虽然屈降自己的高贵身份抑制自己的情绪，谦下地对待地位低下的贤能之士，最终也借助这些人的眼睛看得更远，借助这些人的耳朵听得更清楚。他们能成就龙腾虎踞般的伟大事业，也是理所当然的事。”

审举

【题解】

审举即慎重地举荐人才。审，审慎，慎重，也有考察、研究的意思。本篇的主题是对举荐人才制度的考察研究，作者分别从圣明的君主必须有贤臣辅佐、君主要把选拔人才视为首务、举荐人才要消除私心、对举荐的人才进行严格考察四个方面来阐明主题。

【原文】

抱朴子曰："华、霍所以能崇极天之峻者，由乎其下之厚也；唐、虞所以能臻巍巍之功者，实赖股肱之良也。虽有孙阳①之手，而无骐骥之足，则不得致千里矣；虽有稽古之才，而无宣力之佐，则莫缘凝庶绩矣。人君虽明并日、月，神鉴未兆，然万机不可以独统，曲碎不可以亲总，必假目以遐览，借耳以广听，诚须有司，是康是赞。

【注释】

①孙阳：即伯乐，春秋中期郜国（今山东成武县）人，因为相马立下汗马功劳，被秦穆公封为"伯乐将军"，著有我国历史上第一部相马学著作《伯乐相马经》。

【译文】

抱朴子说："华山和霍山之所以能像天空那么高峻，是由于它下面的基础雄厚；唐尧、虞舜之所以能成就伟大的功业，实际是依靠优秀的大臣的辅佐。即使有伯乐那样善于辨马的双手，但如果没有千里马，那么也不能有一日千里的效果；即使君主有效法古代圣君、明辨是非的才能，但如果没有效力的佐臣，也不能使各项政务都成功。国君即使贤明可比日月，能聪明地洞察还没有任何先兆出现的事情，但是也不能独自统管所有繁杂的事务，更不可能亲自去做所有琐碎的事情，必定要假借别人的眼睛去来看得更远，借助别人的耳朵来听得更多，确实需要设立有关的官署和官员，协助治理国家。

【原文】

“故圣君莫不根心招贤，以举才为首务。施玉帛于丘园，驰翘车于岩薮[①]。劳于求人，逸于用能。上自槐棘[②]，降逮皂隶，论道经国，莫不任职；恭己无为，而治平刑措；而化洽无外，万邦咸宁。设官分职，其犹构室，一物不堪，则崩桡[③]之由也。然未贡举之士，格以四科[④]，三事九列，是之自出，必简标颖拔萃之俊。

【注释】

①岩薮（sǒu）：山泽，山野。此处指隐士居住之地。薮，水少而草木繁盛的大泽。②槐棘：周代朝廷种三槐、九棘，公卿大夫分坐其下，以定三公九卿之位。后用来喻指三公九卿之位。③崩桡（náo）：房屋倒塌。④四科：汉代举荐士人所考察的四种科目——德行高洁、学识渊博、明习法令、刚毅多略。

【译文】

“所以圣明的君主没有不发自内心地去招纳贤才，以举荐人才为自己最重要的事情。把玉和丝绸作为聘贤之礼送到隐士居住的地方，乘坐车子长途跋涉地去到山野中礼聘贤士。君主寻求贤人时很辛苦，而任用有能力的人就会很安逸。上自三公九卿，下至地位低贱的奴隶，与他们谈论治国的正道，无不尽职尽责；然后君主恭谨律己清静无为，而社会安定平和，刑罚放置无用；德化推行天下，各个诸侯国都安宁无事。设置官员，让他们分别执掌政务，就像造房子一样，一个部件没造好，就会成为房屋倒塌的原因。而对于未被地方贡举的士人，就用四科的标准来考核，三公九卿，都出自这里，一定要选拔出类拔萃的人才。

【原文】

“而汉之末叶，桓、灵之世，柄去帝室，政在奸臣，网漏防溃，风颓教沮，抑清德而扬谄媚，退履道而进多财。力竞成俗，苟得无耻。或输自售之宝，或卖要人之书，或父兄贵显，望门而辟[1]命；或低头屈膝，积习而见收。

【注释】

①辟（bì）：征辟，征召。

【译文】

“然而到了东汉晚期，汉桓帝、汉灵帝的时代，帝王失去了权柄，政权落在奸臣手中，国家纲纪败坏，风气教化日渐颓败，打压品德高尚的人而重用谄媚之徒，贬退用正道做事的人而提拔财产多的人。以实力相争成为风俗惯例，通过不正当手段获取名利，而且没有羞耻之心。有的人献纳自己买来的宝物，有的人炫耀显要人物写给自己的书信，有的人的父亲、兄长身居要职，因当权者看门第而征召授职；有的人对当权者卑躬屈膝，交往的时间长了也被任命为官。

【原文】

“夫铨衡不平，则轻重错谬；斗斛不正，则少多混乱；绳墨不陈，则曲直不分；准格倾侧，则滓杂实繁。以之治人，则虐暴而豺贪，受取聚敛，以补买官之费；立之朝廷，则乱剧于棼丝[1]。引用驽庸，以为党援，而望风向草偃[2]，庶事之康，何异悬瓦砾而责夜光，弦不调而索清音哉！何可不澄浊飞沉、沙汰臧否、严试对之法、峻贪夫之防哉！殄瘁攸阶，可勿畏乎？

【注释】

①棼（fén）丝：乱丝。②偃（yǎn）：倒下。

【译文】

“秤杆不平衡，轻重就会出错；斗斛不放正，多少会有些混乱；绳墨不使用，曲直就无法区分；标准向一方倾斜，对社会有危害的坏人就会变多。用对社会有危害的不法分子来管理别人，他们就会暴虐而贪婪，大肆搜刮百姓的财物，以填补自己买官的花费；让他们在朝廷做官，就会使朝纲比一团乱丝还要混乱。他们引荐任用愚笨平庸的人，来作为自己的党羽，然而指望他们像圣贤那样用自己美好的品德去引导百姓，让诸多政务顺利成功，这和悬挂起瓦片去要求它在夜里发光、不调好琴弦就要听到清越优美的音乐有什么不同呢？怎么能不澄清污浊、鉴别善恶、加强对人才的考核方法、加强对贪婪之人的防范措施呢！导致国家灭亡人民困苦的那些原因，能不让人害怕吗？

【原文】

“古者诸侯贡士，适者谓之有功，有功者增班进爵；贡士不适者谓之有过，有过者黜位削地。犹复不能令诗人谧‘大车’‘素餐’之刺，山林无‘伐檀’‘罝兔[1]’之贤。况举之无非才之罪，受之无负乘之患，衡量一失其格，多少安可复损乎？夫孤立之翘秀，藏器以待贾；琐碌之轻薄，人事以邀速。夫唯待价，故顿沦于穷瘁矣；夫唯邀速，故佻窍而腾跃矣。

【注释】

①罝（jū）兔：张网捕兔，后世用以称美贤者之行。

【译文】

“古时候的诸侯举荐人才，举荐合适的人才就是有功，而有功的诸侯就会加官晋爵；举荐的人才不合适就是有过错，有过错的诸侯就要降低官爵、削减封地。这样依然不能让诗人们停止吟咏‘大车’‘素餐’这样的讽刺诗句，不能让山林中没有‘伐檀’‘罝兔’这样甘愿隐居山野的贤者。更何况如今举荐人才不需要承担所举非才的罪过，任用人才时也不需要承担用错人的责任，衡量的标准一旦失去了公平的原则，那么失多失少怎么能够做出适当的增减呢？超群独立的出色人才，隐藏自己的才能以待价而沽；猥琐庸碌的浅薄之人，因善于交际而很快得到招请。因为才华出众的人待价而沽，所以在穷困的生活中困顿沉沦；因为轻薄之人很快被招请，所以窃取官位飞黄腾达。

【原文】

“盖鸟鸱[1]屯飞，则鸳凤[2]幽集；豺狼当路，则麒麟遐遁。举善而教，则不仁者远矣；奸伪荣显，则英杰潜逝。高概耻与阘茸[3]为伍，清节羞入饕餮之贯。举任并谬，则群贤括囊；群贤括囊，则凶邪相引；凶邪相引，则小人道长；小人道长，则梼杌[4]比肩。颂声所以不作，怨嗟所以嗷嗷也。

【注释】

①鸟鸱（chī）：应为“枭（xiāo）鸱”，指猫头鹰。②鸳凤：凤鸟。鸳，通“鹓”，鹓雏（chú），凤凰一类的鸟。③阘（tà）茸：庸碌，卑劣。④梼杌（táo wù）：神话中上古时期一位残暴的部落首领，常被用来比喻顽固不化、态度凶恶的人。

【译文】

“如果猫头鹰成群结队地四处飞舞，凤凰就会潜藏到偏僻的地方；如果豺狼当道，麒麟就会远远地逃避开来。举荐善良的人来教化世人，不仁德的人就会远远地避开；邪恶虚伪的人荣耀显贵，英雄豪杰就要悄然远去。志向高远的人耻于与庸碌鄙下的人为伍，节操高洁的人羞于和贪婪的人站在一起。荐举、任用人才都是错误的，众多的贤者就会闭口不言；众多的贤者闭口不言，凶险邪恶的人就会相互引荐；凶险邪恶的人相互引荐，小人的气焰就会增长；小人的气焰增长，恶人就会多得比肩而立。这就是听不到颂扬之声，只听到到处都在埋怨叹息的原因。

【原文】

“高干长材，恃能胜己，屈伸默语，听天任命，穷通得失，委之自然，亦焉得不堕多党者之后、而居有力者之下乎？逸伦之士，非礼不动，山峙渊渟[①]，知之者希，驰逐之徒，蔽而毁之，故思贤之君，终不知奇才之所在；怀道之人，愿效力而莫从，虽抱稷[②]、离[③]之器，资邈世之量，遂沉滞诣死，不得登叙也。而有党有力者，纷然鳞萃，人乏官旷，致者又美，亦安得不拾掇而用之乎？

【注释】

①渊渟（tíng）：潭水积聚不流的样子。②稷（jì）：后稷，姬姓，名弃，黄帝的玄孙，帝喾的嫡长子，在尧舜时期掌管农业，是周朝的始祖。③离（xiè）：也称契、卨，子姓，帝喾之子、帝尧的异母弟，尧称帝时担任司徒一职，是传说中商民族的始祖。

【译文】

“才华出众的人，恃才傲物，无论进退、隐显还是沉默、发声，都听天由命，无论困厄、显达还是获得、失去，都托付给自然决定，又怎能不落到同党众多的人之后，屈居于有权有势的人之下呢？出类拔萃的人才，不合乎礼的事不做，安居不动就如屹立的山峰、静止的深潭，了解他们的人很少，四处奔走钻营名利的人，还要阻拦、诋毁他们，所以思慕贤才的君主，始终不知道杰出的人才在哪里；胸怀治国之道的人，虽然愿意为国效力，却不知道效力的途径，即使拥有稷和契那样的才能，具备超越世俗的本领，却被压制到社会底层一直到死，不能出仕为官。而有党派支撑、有权有势的人，像鱼鳞那样乱纷纷地紧紧勾结在一起，加之人才缺乏、官位空虚，举荐他的人又为其美言，他们又怎能不被收用任命呢？

【原文】

“灵、献之世，阉官用事，群奸秉权，危害忠良。台阁失选用于上，州郡轻贡举于下。夫选用失于上，则牧守非其人矣；贡举轻于下，则秀、孝[①]不得贤矣。故时人语曰：‘举秀才，不知书；察孝廉[②]，父别居。寒素清白浊如泥，高第良将怯如鸡。’又云：‘古人欲达勤诵经，今世图官免[③]治生。’盖疾之甚也。

【注释】

①秀、孝：当时举荐人才的两个科目。②孝廉：当时选举人才的考核科目——孝敬父母、清廉。③免：应为“勉”，勉力，努力。

【译文】

“东汉末年的汉灵帝、汉献帝的时候，宦官当政，奸臣掌权，这些人伤害忠诚善良的大臣。尚书台在上边选用人才失当，地方各州郡在下边轻视贡举贤士。上边选用人才失当，任命的地方官员就不是恰当的人选；下边轻视贡举贤士，举荐的秀才、孝廉就不是贤德的人。因此当时的人说：‘举荐的秀才，却不识字；举荐的孝廉，却不和父亲住在一起。被称为寒素清白的官员却像污泥一样污浊，高门大族的武将却像鸡一样怯懦。’又说：‘古人要想飞黄腾达就要勤奋读书，今天想要做官就要勤勉地经营家业。’可见当时的人们对此有多痛恨。

【原文】

"于时悬爵而卖之，犹列肆也；争津者买之，犹市人也。有直者无分而径进，空拳者望途而收迹。其货多者其官贵，其财少者其职卑。故东园[1]积卖官之钱，崔烈有铜臭之嗤，上为下效，君行臣甚。故阿[2]佞幸，独谈亲容，桑梓议主，中正吏部，并为魁侩，各责其估，清贫之士，何理有望哉！是既然矣。又邪正不同，譬犹冰炭；恶直之人，憎于非党。刀尺颠到[3]者，则恐人之议己也；达不由道者，则患言论之不美也。乃共搆合虚诬，中伤清德，瑕累横生，莫敢救拔。

【注释】

①东园：疑为"西园"。②阿：疑为"阿保"，也称傅母、保姆，此处指皇帝的保姆。③到：通"倒"。

【译文】

"当时公开把官爵拿出来兜售，就像在商店里陈列货物出售一样；那些争夺重要职位的人前来购买，就像在集市上买卖货物一样。富有金钱但没有才华的人能直接晋升，没钱的人只能看着仕途止步不前。那些出钱多的人获得的官职高，出钱少的人获得的官职低。因此东园堆满了卖官所得的钱财，出钱买官的崔烈被人嗤笑身有铜臭味，上行下效，君主这样做臣子就做得更厉害，因此皇帝的保姆与那些深受皇帝宠信的人，私下商量培养亲信，乡里负责评鉴、贡举人才的官员，和州郡的中正官与朝廷的吏部官员，一起成为卖官卖爵的市侩头目，都在各自求取自身的报酬，清苦贫寒的人才，怎么还会有希望呢！事实就是这样。另外，邪恶与正直的不同，就像冰和炭的不同；厌恶正直之人的人，憎恨他们不属于自己的同党。将品评任用人才的标准颠倒，就害怕别人非议自己；不是通过正当的途径显达，就担心别人对自己的评价不好听。于是就勾结起来罗织罪名诬陷有才华的人，中伤清高有德行的人，想要给贤能的人添加众多的污点，于是就没有人胆敢去救助、提拔他们。

【原文】

"于是曾、闵获商臣之谤，孔、墨蒙盗跖[1]之垢。怀正居贞者，填笮[②]乎泥泞之中；而狡猾巧伪者，轩翥[③]乎虹霓之际矣。而凡夫浅识，不辩邪正，谓守道者为陆沉，以履径者为知变。俗之随风而动，逐波而流者，安能复身于德行、苦思于学问哉！是莫不弃检括之劳，而赴用赂之速矣。斯诚有汉之所以倾，来代之所宜深鉴也。”

【注释】

①盗跖（dào zhí）：原名展雄，姬姓，名跖，传说是春秋时期的率领盗匪数千人的大盗。②填笮（tiǎn zé）：困窘压迫。填，通“殄”，穷苦。笮，挤压。③轩翥（xuān zhù）：飞升。轩，飞翔。翥，鸟飞。

【译文】

“于是曾参和闵子骞这样的孝子被商臣这样弑父杀君的人诽谤，孔子和墨子这样的大学问家蒙受了和大盗盗跖一样的恶名。胸怀正直、遵循正道的人，被排挤压制到泥泞一样的社会底层；而狡猾奸巧虚伪的人，却飞升到高空之中。然而才智平庸的人们见识浅薄，不能分辨邪恶和正直，于是说遵守正道的人是愚昧迂腐，认为走歪门邪道的人是懂得变通。俗世中那些见风使舵、随波逐流的人，怎么能恢复美好的品行、在学问上冥思苦想呢！所以没有人不放弃严于律己的烦劳，而奔赴行贿的捷径。这其实就是汉代之所以倾覆的原因，也是后代应该深以为鉴的原因。”

【原文】

或曰：“吾子论汉末贡举之事，诚得其病也。今必欲戒既往之失，避倾车之路，改有代之弦调，防法玩之或变，令濮上[①]、《巴人》[②]，反安乐之正音，腠理之疾，无退走之滞患者，岂有方乎？士有风姿丰伟，雅望有余，而怀空抱虚，干植不足，以貌取之，则不必得贤；徐徐先试，则不可仓卒[③]。将如之何？”

【注释】

①濮（pú）上：本指春秋时古卫的濮水之滨，后用来指代侈靡淫乱的音乐。②《巴人》：原指战国时楚国民间流行的一种歌曲《下里巴人》，此处代指低俗的音乐。③仓卒：仓促。卒，通“猝”，突然。

【译文】

有人说："您对汉朝末年贡举之事的评论，确实说到了症结所在。现在一定要戒除以往的过失，避开可能导致翻车的道路，改变前朝汉代的做法，防止轻视法律可能引发的变故，让濮上、《下里巴人》那样的靡靡之音和低俗民音，反而成为使人安宁快乐的高雅之音，让刚刚进入皮肤的小毛病，不要因抗拒医生而转变为沉重的痼疾，是否有什么方法呢？有的士人风度翩翩、身材魁梧，高雅的名望有余，但满脑子都是空洞的理论，内在的修养就不足，真才实学不足，如果根据他的外貌取用他，就一定不能得到真正贤能的人；如果慢慢地先试用他一番，却又不能很快处理好政事。怎么办呢？"

【原文】

抱朴子答曰："知人则哲，上圣所难。今使牧守皆能审良才于未用，保性履之始终，诚未易也。但共遣其私情，竭其聪明，不为利欲动，不为属托屈。所欲举者，必澄思以察之，博访以详之，修[①]其名而考其行，校同异以备虚饰。令亲族称其孝友，邦闾归其信义。尝小仕者，有忠清之效，治事之干，则寸锦足以知巧，刺鼠足以观勇也。

【注释】

①修：应为"循"，循着，追寻，按照。

【译文】

抱朴子回答说："能透彻了解别人就可以称为明智，即使大圣人对此也感到困难。如今要让地方官员都能够在任用人才之前察看他的贤能，保证他的本性和行为始终善良，实在不容易啊。只要地方官员都能消除他们的私心，竭尽所能地发挥他们的聪明才智，不被利益所动，不屈服于私人的请托。对于他们想要荐举的人才，一定要冷静地观察他，广泛询问以详细了解他，循着他的名声去考察他的行为，比较不同的意见以防止有过分的夸赞或掩饰缺点。要让他的父母和族人都称赞他孝敬父母、友爱兄弟，乡亲邻居都夸奖他守信讲义。然后试着让他当个小官，如果有忠诚清廉的政绩，治理政务的才干，那么一寸锦缎也足以看出织工是巧是拙，就是刺杀老鼠这样的小事也能看出一个人是否勇敢。

【原文】

“又秀、孝皆宜如旧试经答策，防其罪对①之奸，当令必绝。其不中者勿署，吏加罚禁锢。其所举书②不中者，刺史太守免官，不中左迁。中者多不中者少，后转不得过故。若受赇③而举所不当，发觉有验者除名，禁锢终身，不以赦令原，所举与举者同罪。今试用此法治，一二岁之间，秀、孝必多不行者，亦足以知天下贡举不精之久矣。过此，则必多修德而勤学者矣。

【注释】

①罪对：疑为“置对”，答辩，回答问题。②书：应为“尽”，完全。③赇（qiú）：贿赂。

【译文】

“另外秀才、孝廉的人选都应该像从前那样考试经书、设问求答，防止他们回答问题时偷奸耍滑，应当完全杜绝这种情况。考试不合格的人不予录用，本身就是官吏的人则加重处罚不让他做官。如果举荐的人都不合格，对于刺史、太守就罢免官职，不允许降级处理。如果举荐的人中合格的多不合格的少，以后刺史、太守调任不准超过原来职位的级别。如果因接受贿赂而举荐不合适的人，发现后验证确凿的免官为民，终生不准做官，不准在颁布大赦令时予以赦免，被举荐的人和举荐人同罪。现在如果试着用这种方法来治理，一两年之间，被举荐的秀才、考廉肯定有很多前去参加考试，也就足以知道很久以来天下贡举的人才都不够精良了。以这种方法，那么必然会使修养德行、勤奋学习的人多起来。

【原文】

“又诸居职，其犯公坐①者，以法律从事；其以贪浊赃污为罪，不足至死者，刑竟及遇赦，皆宜禁锢终身，轻者二十年。如此，不廉之吏，必将化为夷、齐矣。若乃临官受取，金钱山积，发觉则自恤得了，免退则旬日复用者，曾、史亦将变为盗跖矣。如此，则虽贡士皆中，不辞于官长之不良。”

【注释】

①公坐：又称“公负”，因为能力不足而失职犯罪。

【译文】

“另外，那些身居官位的人，如果因为能力不足而渎职犯罪的，就按照法律处罚；如果因为贪污受贿而犯罪，不构成死罪的，在服刑之后以及遇到赦免后，都应当终生禁止他做官，罪行轻的也要禁止做官二十年。这样的话，不廉洁的官吏，必然会变成伯夷、叔齐那样清廉的人。如果刚一当上官就收受财物，金钱多得堆积成山，事发之后还能自我救助，免官退职后不久又被重新任用的话，曾参、史鰌这样忠诚正直的人也会变成大盗盗跖了。如果这样做，即使举荐的人才都是合格的，也不能消除官员们的不良行为。”

【原文】

或曰：“能言不必能行，今试经对策虽过，岂必有政事之才乎？”

【译文】

有人说：“能言善辩的人不一定能做事，即使现在在考试经书、回答策问中通过了，难道就一定有处理政事的才能吗？”

【原文】

抱朴子答曰：“古者犹以射择人，况经术乎？如其舍旃①，则未见余法之贤乎此也。夫丰草不秀瘠土，巨鱼不生小水，格言不吐庸人之口，高文不堕顽夫之笔。故披《洪范》而知箕子有经世之器，览九术而见范生怀治国之略。省夷吾之书，而明其有拨乱之干；视不害之文，而见其精霸王之道也。今孝廉必试经无脱谬，而秀才必对策无失指，则亦不得暗蔽也。良将高第取其胆武，犹复试之以对策，况文士乎？假令不能必尽得贤能，要必愈于了不试也。

【注释】

①旃（zhān）：“之焉”的合音词。

【译文】

抱朴子回答说："古时候还曾用射箭的方法来选拔人才，何况是用考试经义的方法呢？假如放弃这种方法，那么又没有发现其他比这种方法更好的方法。瘠薄的土地上长不出茂盛的庄稼，小水坑里长不出大鱼，才智平庸的人说不出格言，顽劣的人写不出优秀的文章。因此，翻阅《尚书·洪范》，就知道箕子有治理国家的才能，阅读范蠡为越王勾践出的九种计策，就知道范蠡胸藏治理国家的谋略。阅读管仲的书，就明白他有拨乱反正的才干；浏览申不害的文章，就可以看出他精通建立霸业王道的办法。假如现在的孝廉人选必须在测试经典时没有脱漏错误，而秀才的人选也必须在回答策问时没有失掉主旨，那么他们就不会是愚昧无知的人。第一等的良将是取用他的胆大勇武，依然还要再接受考试策问，何况是选拔文士呢？假使不一定得到的都是贤能的人，总要比完全不考试要好得多。

【原文】

"今且令天下诸当在贡举之流者，莫敢不勤学。但此一条，其为长益风教，亦不细矣。若使海内畏妄举之失，凡人息侥幸之求，背竞逐之末，归学问之本，儒道将大兴，而私货必渐绝；奇才可得而役，庶官可以不旷矣。"

【译文】

"假如现在让天下所有应该被贡举的人，没有人敢不勤奋地学习，仅此一条，这种方法带给风俗教化的长久好处，也就不小了。如果让四海之内的人害怕犯下随便乱贡举人的错误，普通百姓也就熄灭了侥幸求官的念头，不再做争名夺利的下贱之事，回归求学问道的根本道路，儒家的学说将大为兴盛，私下的贿赂也必然渐渐消失；杰出的人才能够得到任用，各种官职也就不会缺乏适当的人选了。"

【原文】

或曰："先生欲急贡举之法，但禁锢之罪，苛而且重，惧者甚众。夫急辔繁策，伯乐所不为；密防峻法，德政之所耻。"

【译文】

有人说："先生想要快速整顿贡举的制度，但禁止为官的处罚，太苛刻而且太重，害怕的人太多了。骑马时把缰绳勒得过紧，过于频繁地举鞭策马前行，是伯乐所不愿意做的事情；严密地防范、严厉地惩罚，是仁德之政耻于实行的事情。"

【原文】

抱朴子曰："夫骨填肉补之药，长于养体益寿，而不可以救暍[①]溺之急也；务宽含垢之政，可以莅敦御朴，而不可以拯衰弊之变也。虎狼见逼，不挥戈奋剑，而弹琴咏诗，吾未见其身可保也；燎火及室，不奔走灌注，而揖让盘旋，吾未见其焚之自息也。今与知欲卖策者论此，是与跖议捕盗也。"

【注释】

①暍（yè）：中暑。

【译文】

抱朴子说："那些滋养骨肉的药物，长处在于保养身体、延年益寿，但不能用来救治中暑、溺水的紧急病症；追求宽宏、容忍污垢的政策，可以管理敦厚朴实的百姓，却不能拯救衰败颓坏的变故。虎狼逼到了眼前，不拿起刀剑对抗，而是弹琴吟诗，我看不出他能保全自己的性命；大火烧着了房子，不奔跑着浇水灭火，而是谦恭有礼地相互谦让，我看不出火会自己熄灭。现在我和想要出卖考题的人谈论这些，就像和大盗盗跖谈论捕捉盗贼的事一样。"

【原文】

抱朴子曰："今普[①]天一统，九垓同风，王制政令，诚宜齐一。夫衡量小器，犹不可使往往而有异，况人士之格，而可参差而无检乎？江表虽远，密迩海隅，然染道化，率礼教，亦既千余载矣。往虽暂隔，不盈百年，而儒学之事，亦不偏废也。惟以其土宇褊[②]于中州[③]，故人士之数，不得钧[④]其多少耳。及其德行才学之高者，子游、仲任之徒，亦未谢上国也。

【注释】

①普（pǔ）：通“普”。②褊（biǎn）：狭小，狭窄。③中州：中原地区。④钧（jūn）：通“均”，平均。

【译文】

抱朴子说：“如今天下统一，九州都受同样的教化，国家的制度政令，确实应该整齐划一。秤斗这些小小的量器，尚且不能让它们在各地有所不同，更何况衡量人才的标准，怎么能参差不齐而没有查验呢？长江以南的地方虽然偏远，靠近海边，然而濡染大道的教化，遵循礼教，也已经一千多年的时间了。以前虽然曾经和中原有过短暂的分离，但没超过百年的时间，而且儒家学说也没有偏废。只是因为江南那个地区比中原地区狭窄，所以人才的数目不能像中原那么多罢了。至于说当地那些品德高尚、才学出众的人，像言偃、王充那样的人才，也不比中原地区的人才逊色。

【原文】

“昔吴土初附，其贡士见偃以不试。今太平已近四十年矣，犹复不试，所以使东南儒业衰于在昔也。此乃见同于左衽[①]之类，非所以别之也。且夫君子犹爱人以礼，况为其恺悌[②]之父母邪！法有招患，令有损化，其此之谓也。今贡士无复试者，则必皆修饰驰逐，以竞虚名，谁肯开卷受书哉？所谓饶之适足以败之者也。

【注释】

①左衽（rèn）：代指异族，因为古代少数民族的衣襟向左，而中原地区的人衣襟向右。②恺悌（kǎi tì）：和乐平易。

【译文】

“从前吴国刚刚归附中原的时候，那里贡举的人才因为没有参加中原地区的选拔考核而被压抑埋没。如今天下太平已有将近四十年了，仍旧不进行考试，所以使得东南地区的儒家学说的发展比以前衰微了。这是把东南地区的人当作未开化的异族了，而不是把他们和异族区别开来的办法。况且君子还要依据礼来爱护别人，更何况是作为他们和乐平易的父母呢？有些法律会招来祸患，有些政令会损害教化，恐怕说的就是这种情况吧。现在贡举的人才不再进行考试，那么大家肯定都去弄虚作假、奔走钻营，来争夺虚名，谁还肯打开书卷去读书呢？这种做法看起来是宽宥他们，其实恰恰是在败坏他们。

【原文】

“自有天性好古，心悦艺文，学不为禄，味道忘贫，若法高卿、周生烈者。学精而不仕徇乎荣利者[①]，万之一耳。至于宁越、倪宽、黄霸之徒，所以强自笃励于典籍者，非天性也，皆由患苦困瘁，欲以经术自拔耳。向使非汉武之世，则朱买臣、严助之属，亦未必读书也。今若取富贵之道，幸有易于学者，而复素无自然之好，岂肯复空自勤苦、执洒扫为诸生、远行寻师问道者乎？

【注释】

①学精而不仕徇乎荣利者：疑为“学精而不徇乎荣利者”。仕，疑为衍文。

【译文】

“自然有一些人天性喜好古风，发自内心地热爱典籍，学习不是为了俸禄，体味大道而忘记了贫困，就像东汉时的法真、魏初的周生烈那样的隐士。学业精深但不做官，不追求荣华富贵的人，万分之一而已。至于宁越、倪宽、黄霸这样的人，之所以强迫自己勤奋刻苦地学习经典史籍，不是出自他们的天性，完全是由于他们身处困苦窘迫的境地，希望用经典之学来自我解脱罢了。当初假如不是汉武帝在位的时代，那么朱买臣、严助这样因刻苦读书而受到重用的人，也未必会去读书。现在如果要获取富贵的方法，幸好有比读书学习更容易的方法，再加上素来没有天生喜欢读书的喜好，人们怎么肯再白白地下勤劳刻苦的功夫、洒水扫地去当学生、到很远的地方去寻找老师讨教学问呢？

【原文】

“兵兴之世，武贵文寝，俗人视儒士如仆虏，见经诰如芥壤者，何哉？由于声名背乎此也。夫不用，譬犹售章甫[①]于夷越，徇髯蛇[2]于华夏矣。今若遐迩一例，明考课试，则必多负笈千里，以寻师友，转其礼赂之费，以买记籍者，不俟终日矣。”

【注释】

①章甫：先秦时的一种礼帽。②髯（rán）蛇：蚺（rán）蛇，长数丈的大蛇。

【译文】

“兴兵动武的时代，武将显贵而文人被轻视，世俗之人对待儒生就像对待仆人一样，对待经典就像对待草芥尘土一样，为什么呢？是由于读书不能获得名声。那时的人不起用文人，就像在先秦时到偏远的越国去售卖礼帽，就像越国人到中原地区来炫耀当地的大蚺蛇。现在如果无论地方远近都采用同样的制度，公开考核经典，那么必然会使得背着书箱远走千里，去寻师访友，把送礼行贿的钱财，转而去购买笔记、典籍的人多起来，这种风气的改变都用不了一天的时间。”

【原文】

抱朴子曰：“才学之士堪秀、孝者，已不可多得矣。就令其人，若如桓、灵之世，举吏不先以财货，便安台阁主者，则虽诸经兼本解，于问无不对，犹见诬枉，使不得过矣。常追恨于时执事，不重为之防。

【译文】

抱朴子说：“值得被举荐为秀才、孝廉的有才之士，已经是不可多得了。即使确实有这样的人，如果处在汉桓帝、汉灵帝的时代，如果不先用钱财贿赂荐举的官吏，不让尚书台的主事者心情舒畅，那么即使对所有经典以及对这些经典的解释，都能对答如流，依然会使之遭受诬陷冤枉，使他们不能通过考试。我常常为当时主事的官员感到遗憾，因为他们没有严密防范这种情况的产生。

【原文】

“余意谓新年[1]当试贡举者，今年便可使儒官才士，豫[2]作诸策，计足周用。集上禁其留草殿中[3]，封闭之；临试之时，亟赋之。人事因缘于是绝。当答策者，皆可会著一处，高选台省之官亲监察之。又严禁其交关出入，毕事乃遣。违犯有罪无赦。如此，属托之翼窒矣。夫明君恃己之不可欺，不恃人之不欺己也。亦何耻于峻为斯制乎？若试经法立，则天下可以不立学官，而人自勤乐矣。

【注释】

①新年：新的一年，明年，第二年。②豫：通“预”，预先。③集上禁其留草殿中：疑有文字脱误。大意应为：把出题的官员集中在宫里，考题也保留在宫里。

【译文】

“我的意思是说，如果明年要对贡举的人进行考试，那么今年就可以让儒学官员和有才之士，预先准备各种考题，出题时要计划周密充分。考试前把出题的官员和考题都留在宫里，禁止他们出入；等到考试的时候，让考生当场进行答题。各种托关系说情的情况就得以杜绝。参加考试的人，可以会聚到一个地方，严格地选取尚书台的官员来监督检查他们。另外，还要严禁他们相互结交和出入，考试完毕才能遣散他们。违犯的人一旦犯法绝不赦免。这样的话，私下请托做官的希望就没有了。圣明的君主倚仗的是自己不会被欺骗，而不是倚仗别人不欺骗自己。又为什么耻于严格地实行这种考试制度呢？如果考试经过法律确立，那么天下就可以不设立学校，而人们自然就能勤奋并乐于学习了。

【原文】

“案四科亦有明解法令之状。今在职之人，官无大小，悉不知法令。或有微言难晓，而小吏多顽，而使之决狱，无以死生委之，以轻百姓之命，付无知之人也。作官长不知法，为下吏所欺而不知，又决其口笔者，愦愦不能知食法，与不食不问，不以付主者。或以意断事，蹉跌不慎法令，亦可令廉良之吏，皆取明律令者试之如试经，高者随才品叙用。如此，天下必少弄法之吏、失理之狱矣。”

【译文】

“考察汉代举荐人才的四种科目，当中也有一项要求人才能明确解释法律条文的内容。现在的官员，官位无论大小，全都搞不懂法律条文。有的法律条文措辞晦涩难懂，而低级的官员大多顽劣，如果他们来断案，相当于把百姓的生死大权交到他们手中，这就是轻视百姓的生命，这就是把他们交给愚昧无知的人了。有的人作为主管官员而搞不懂法律条文，被下属的官员欺骗了都不知道，又根据下属官员提供的数据来断案，稀里糊涂地不知道下属的官员在贪赃枉法，以及虽然贪赃枉法但也不对案情仔细查问，也不上报主管官员。有的人凭着自己的主观臆断来断案，错误百出而不慎重执法。也可以让廉洁优秀的官吏，都对明白法律条令的人来考试法律，就像考试经典一样，成绩好的人按照才能分等任用。这样一来，天下必定会少一些玩弄法律的官吏、判决不当的案件。”

交际

【题解】

交际即人与人之间的交往，交友。本篇重点阐明了作者的交友原则：交友很重要，但交友宁缺毋滥。分别从交友的重要性、交友一定要谨慎、严厉批判当时不良的交友陋习、正面提出保全友谊的方法等方面阐明了主题。

【原文】

抱朴子曰："余以朋友之交，不宜浮杂。面而不心，扬雄攸①讥。故虽位显名美，门齐年敌，而趋舍异规，业尚乖互者，未尝结焉。或有矜其先达，步高视远，或遗忽陵迟之旧好，或简弃后门之类味，或取人以官而不论德。其不遭知己，零沦丘园者，虽才深智远，操清节高者，不可也；其进趋偶合，位显官通者，虽面墙庸琐，必及也。如此之徒，虽能令壤虫云飞，斥鷃②戾③天，手捉刀尺，口为祸福，得之则排冰吐华，失之则当春凋悴，余代其踧踖④，耻与共世。

【注释】

①攸：所。②斥鷃（yàn）：沼泽中的一种小鸟。③戾：到达。④踧踖（cù jí）：局促不安、惶恐不安的样子。

【译文】

抱朴子说："我认为朋友之间的交往，不应该浮泛杂乱。只有非真心相交的朋友而没有知心朋友，是扬雄所曾讥讽的。所以即使地位显赫、名声美好，门当户对、年龄相当，但是志向不同，追求相互背离和抵触，也是无法结为朋友的。有些人自傲于自己比别人早显达，于是昂首阔步，有些人因此遗弃地位衰落的老朋友，有些人抛弃了出身寒微的同道，有些人凭官位而不是凭德行来选择朋友。那些没有遇上知己、沉沦隐居山林的人，即使才高智远，节操清廉高尚，也不能交往；那些积极奔走偶遇机会，地位显要官运亨通的人，即使不学无术、庸俗猥琐，也一定要与他做朋友。这样的人，即使他们能够让土里的虫子飞上云天，让沼泽里的小鸟高飞上天，手握权柄，口中决定别人的祸福，得到他们的帮助就能像化开冰雪绽放鲜花一样转衰为盛，失去他们的帮助就会像正当春天却凋谢的花朵一样由盛转衰，我仍然替他感到局促不安，耻于和他生活在同一个社会。

【原文】

“穷之与达，不能求也。然而轻薄之人，无分之子，曾无疾非俄然[①]之节，星言宵征，守其门廷，翕然谄笑，卑辞悦色，提壶执贽，时行索媚；勤苦积久，犹见嫌拒，乃行因托长者以構合之。其见受也，则踊悦过于幽系之遇赦；其不合也，则懊悴剧于丧病之逮己也。通塞有命，道贵正直，否泰付之自然，津涂何足多咨！嗟乎细人，岂不鄙哉！人情不同，一何远邪！每为慨然，助彼羞之。

【注释】

①俄然：通“峨然”，高峻的样子。

【译文】

“生活的困厄和显达，是不能以人力求得的。但是那些轻浮浅薄的人，那些不守本分的人，竟然不痛恨自己没有高尚的节操，而是从早到晚四处奔走，守在权贵的门庭前，献上谄媚讨好的笑容，言辞卑微、和颜悦色，提着酒壶拿着礼物，不时前去讨好取媚权贵；如此勤劳刻苦地讨好权贵，时间长了，还会被显贵嫌弃拒绝，于是就委托德高望重的人帮自己牵线搭桥。他如果被权贵接受了，就高兴得手舞足蹈，比罪犯在牢狱中遇到赦免还要高兴；如果他没被权贵接受，就懊丧沮丧，比丧事疾病落在自己身上还要厉害。通达还是困顿自有命运安排，为人处世最重要的是正直，命运的好坏都归自然管理，哪里值得为人生之路的艰难而赞叹！唉，那些小人，难道还不够鄙俗吗！人的思想感情不同，竟然相差得这么远啊！我常常为此慨然叹息，替他们感到羞惭。

【原文】

“昔庄周见惠子从车之多，而弃其余鱼。余感俗士不[①]汲汲于攀及至也。瞻彼云云，驰骋风尘者，不懋[②]建德业，务本求己，而偏徇高交以结朋党，谓人理莫此之要，当世莫此之急也。以岳峙独立者，为涩吝疏拙；以奴颜婢睐者，为晓解当世。风成俗习，莫不逐末，流遁遂往，可慨者也。

【注释】

①不：“不”前缺“莫”或“无”字。②懋（mào）：勤奋努力。

【译文】

“当初庄子看见惠施后面跟随的车辆众多，于是抛弃了自己车上多余的鱼。我有感于庸俗之士无不急切地去攀附权贵，而且这种状况已经到了极点。看那芸芸众生，在尘世到处奔走钻营，不勤奋努力地去建立自己的德行功业，致力于追求学问的根本，挖掘自身的潜力，而是一味地追求结交权贵以结成私党，认为人间道理没有比这更重要的，当今世上没有比这更紧急的了。他们把山岳一样独自屹立、不与人勾结的人，看作是固执笨拙的人；把奴颜媚态的人，看作是通晓社会事务的人。风气已经形成，没有人不追逐这些细枝末节的小事，大家都随波逐流，真是让人万分感慨啊。

【原文】

“或有德薄位高，器盈志溢，闻财利则惊掉，见奇士则坐睡。繿缕[①]杖策，被褐负笈者，虽文艳相、雄，学优融、玄，同之埃芥，不加接引。若夫程郑[②]、王孙[③]、罗裒[④]之徒，乘肥衣轻，怀金挟玉者，虽笔不集札，菽麦不辨，为之倒屣[⑤]，吐食握发。

【注释】

①繿缕（lán lǚ）：通“褴褛”，衣服破破烂烂的样子。②程郑：西汉时期的大工商业者。③王孙：卓王孙，西汉时蜀地的一个靠冶炼发家的大富商。④罗裒（póu）：西汉汉成帝、汉哀帝时的一个大商人兼高利贷者。⑤屣（xǐ）：鞋子。

【译文】

“有的人德行低下但地位显赫，志得意满，听到钱财利益就吃惊得掉过头来看，看到奇逸之士却坐在那里一动不动地打盹。而衣衫破烂、手拄木棍，身披粗布短衣、肩背书箱的人，即使他们写的文章比司马相如和扬雄的文章还要华美，他们的学问比乌融、郑玄还要渊博，也视同尘埃、草芥，不予接待引荐。至于像程郑、卓王孙、罗裒这样的大富豪，乘坐肥马驾的车，身穿轻暖的裘衣，怀里揣着金手里握着美玉，即使从来从不动笔写文章，分不出豆子和麦子，但还是会对他们倒屣相迎，吐食握发地忙着接待他们。

【原文】

“余徒恨不在其位，有斧无柯，无以为国家流秽浊于四裔，投畀[①]于有北。彼虽赫奕，刀尺决乎（此处有脱文），势力足以移山拔海，吹呼能令泥象登云，造其门庭，我则未暇也。而多有下意怡颜，匍匐膝进，求交于若人，以图其益。悲夫！生民用心之不钧[②]，何其辽邈之不肖也哉！余所以同生圣世而抱困贱，本后顾而不见者，今皆追瞻而不及，岂不有以乎！然性苟不堪，各从所好，以此存亡，予不能易也。”

【注释】

①投畀（bì）：流放。②钧：通“均”，平均，均衡。

【译文】

“我只遗憾自己没有身在其位，空有政治理想而没有执政的权柄，没办法为国家把这些贪官污吏流放到边远的地方去，驱逐到北边的苦寒之地去。他们虽然地位显赫，权力决定于（此处有脱文），势力大得足以移动高山和大海，吹口气就能让泥象飞上云端，但要我去拜访他们，我就没有这个闲工夫。然而有很多人低声下气、和颜悦色，跪地膝行，请求和这些人交往，以图谋自己的利益。可悲啊！人们想法的不同，竟然是如此的差别巨大互不相同啊！我之所以和他们一样出生于这个圣明的时代，却陷于困顿卑贱的处境，本来是远远落在我身后的人，如今都跑到了我的前面，远到我望尘莫及，这难道不是有原因的吗！然而如果我的天性不能忍受这些奔走钻营的行为，还是各自听从自己的喜好，无论是生是死都遵循自己的原则，我是不能改变的。”

【原文】

或又难曰：“时移世变，古今别务，行立乎己，名成乎人。金玉经于不测者，托于轻舟也；灵乌[1]萃于玄霄者，扶摇之力也；芳兰之芬烈者，清风之功也；屈士起于丘园者，知己之助也。今先生所交必清澄其行业，所厚必沙汰其心性，孑然只跱，失弃名辈，结雠一世，招怨流俗，岂合和光以笼物，同尘之高义乎？若比智而交，则白屋不降公旦之贵；若钧才而游，则尼父必无入室之客矣。”

【注释】

①灵乌：应为“灵鸟”，大鹏鸟。

【译文】

有人又非难我说：“时间推移、时代改变，古代与现在的情况不一样，行为的好坏由自己掌控，而名声的好坏则由别人掌控。黄金和美玉之所以能渡过深不可测的江河，是因为它依托了轻快船只的力量；大鹏鸟之所以能飞上高空，是因为它借助了旋风的力量；兰花之所以能散发浓郁的芳香，是因为它借助了清风的力量；被压制在山林的隐居之士之所以能显达，是因为他依靠了知己的帮助。然而现在先生与人交往时，一定要求对方保持品行的高尚，先生所密切交往的人，一定要求对方陶冶自己的性情，结果使自己孑然孤立，被很多有名望的人所抛弃，与全社会的人结仇，招致世俗民众的怨恨，这难道合乎调和自己的光芒以团结大众、降低自己的道德以随和世俗这样的大道吗？如果只和与自己才智相当的人交朋友，那么普通百姓的家中就不会出现周公那样地位尊贵的人士；如果只和自己才干相当的人来往，那么孔子肯定不会有造诣高深的入室弟子。”

【原文】

抱朴子曰：“吾闻详交者不失人，而泛结者多后悔。故曩[①]哲先择而后交，不先交而后择也。子之所论，出人之计也；吾之所守，退士之志也。子云玉浮鸟高，皆有所因，诚复别理一家之说也。吾以为宁作不载之宝、不飞之鹏、不飏[②]之兰、无党之士，亦（此处亦脱文）损于夜光之质、垂天之大、含芳之卉、不朽之兰乎？且夫名多其实，位过其才，处之者犹鲜免于祸辱，交之者何足以为荣福哉！

【注释】

①曩（nǎng）：过去，从前，以往。②飏（yáng）：通“扬”，飞扬，飘扬。

【译文】

抱朴子说：“我听说慎重交友的人不会错失该结交的人，而广泛交友的人常常后悔莫及。所以从前的哲人是先选择朋友而后结交，而不是先结交而后选择朋友。您所谈论的，是想要出仕的人的想法，我所坚守的，是隐居山林的人的志向。您说到金玉渡河、大鹏鸟高飞，都要有所凭借，实在又是另外一种理论、一家学说。我认为宁肯做不横渡江河的宝物、不高飞云空的大鹏鸟、不飘散香气的兰花、不结为朋党的士人，又（此处有脱文）怎么会损害夜光玉璧的美好质地、鲲鹏那云垂天边般的巨大、饱含芬芳的花卉、不会枯朽的兰花呢？况且美名超过实际才学，地位超过实际才能，身处这种情况下的人很少有免于灾祸羞辱的，和他们交往的人凭什么觉得和他们交往是荣耀和福气呢！

【原文】

“由兹论之，则交彼而遇者，虽得达不足贵；芘[①]之而误者，譬如荫朽树之被笮[②]也。彼尚不能自止其颠蹶，亦安能救我之碎首哉！吾闻大丈夫之自得而外物者，其于庸人也，盖逼迫不获已而与之形接，虽以千计，犹蚤虱之积乎衣而赘疣[③]之攒乎体也。失之虽以万数，犹飞尘之去嵩、岱，邓林之堕朽条耳。岂以有之为益、无之觉损乎？

【注释】

①芘：通“庇”，庇护，遮盖。②笮（zé）：压榨，挤压。③赘疣（zhuì yóu）：皮肤上长的肉瘤，指多余的内瘤。

【译文】

“由此可见，那么和他们交往而遇到了好的机会，即使能够飞黄腾达也不值得看重；寻求他们的庇护而误了前程，就像在朽烂的树下乘凉而被倒地的枝干砸中。那些朽烂的树尚且不能挽救自己倒下的颓势，又怎能解救我们被砸碎脑袋的危机呢！我听说大丈夫之所以能自得其乐超然物外，是因为他们对于那些庸俗的人，大概只在迫不得已的情况下才与他们有表面的接触，即使他们交往的那些庸俗之辈数以千计，也不过是像衣服里聚集了大量跳蚤和虱子、皮肤上长了很多的小肉瘤而已。失去的这些庸俗之徒即使数以万计，就像嵩山，也不过是像嵩山、泰山吹走了一些尘土、大树掉落了几根枯枝而已。怎么会认为有他们就能带来好处，失去他们就觉得有所损失呢？

【原文】

“且夫朋友也者，必取乎直谅多闻，拾遗斥谬，生无请言，死无托辞，终始一契，寒暑不渝者。然而此人良未易得，而或默语殊涂，或憎爱异心，或盛合衰离，或见利忘信。其处今也，璧犹禽鱼之结侣、冰炭之同器，欲其久合，安可得哉！夫父子天性，好恶宜钧，而子政、子骏[①]，平[②]论异隔；南山、伯奇[③]，辩讼有无。面别心殊，其来尚矣。总而混之，不亦难哉！

【注释】

①子政、子骏：西汉的刘向、刘歆父子，刘向，字子政，刘歆，字子骏，两人曾因为对《春秋》的理解不同而发生辩论。②平：通“评”，评论。③南山、伯奇：西周大臣尹吉甫和他的儿子伯奇，后母为了让自己的儿子继承爵位，而把一只毒蜂放在衣领上，并让伯奇帮忙摘取，借机诬陷伯奇调戏她，尹吉甫信以为真，流放了伯奇。

【译文】

“况且所谓的朋友，一定要选择那些正直诚信、见多识广，能补正自己的过失、斥责自己的错误，活着的时候不通过私人关系谋利，临死前也没有要托付的私事，从始至终完全同心同德，无论身处何种情况都不改变。然而这种人实在不容易得到，有的人在言行方面的兴趣不同，有的人在憎恶和喜好上的想法有别；有的人在你发达时相交、在你落魄时离去，有的人一见到利益就忘记了信义。现在让这些人在一起生活，就像鸟和鱼结为伴侣、冰块和炭火被放在一个器皿里，想要他们长久地相处，怎么可能呢！父子之间有天然的血缘关系，喜好和厌恶应该是相同的，但刘向和刘歆这对父子，评论《春秋》的理解这个问题时就意见不同；尹吉甫与伯奇这对父子，就曾为伯奇是否调戏后母这件事而发生争辩。表面和内心都有不同，这种情况由来已久。将所有的人放在一起笼统言之，不也是很困难的事吗？

【原文】

“世俗之人，交不论志，逐名趋势，热来冷去；见过不改，视迷不救；有利则独专而不相分，有害则苟免而不相恤；或事便则先取而不让，值机会则卖彼以安此。凡如是，则有不如无也。

【译文】

“世上的庸俗之徒，结交朋友不论思想，只是追逐名声趋附权势，看到对方有权有势就来结交，看到对方失势落魄就离开；发现对方的过失不去帮助改正，看到对方有了迷惑也不帮助补救；有了利益就独自占有而不分给对方，有了危害就采取不正当的手段来免除自己而不去救助对方；或者是有便利就先去占取而不谦让给对方，到关键时刻就出卖对方以保全自己的利益。凡是这样的朋友，有还不如没有。

【原文】

“天下不为尽不中交也，率于为益者寡而生累者众。知人之明，上圣所难。而欲力厉近才、短于鉴物者，务广其交，又欲使悉得，可与经夷险而不易情、历危苦而相负荷者，吾未见其可多得也。虽搜琬琰于培塿之上[①]，索鸾凤乎鷦鷯[②]之巢，未为难也。吾亦岂敢谓蓝田之阳、丹穴之中，为无此物哉！亦直言其稀已矣。

【注释】

①琬琰（wǎn yǎn）：古代的两种美玉，此处泛指美玉。培塿（pǒu lǒu）：小土丘。②鷦鷯（jiāo liáo）：一种体形较小、短胖、十分活跃的鸟。

【译文】

“天下的人不全都是不适宜结交的人，大多数能给自己带来好处的少而带来的麻烦多。透彻地了解人，是连大圣人也会感到困难的事。然而想要努力激励那些才能浅近、不善于识人鉴物的人，让他们广泛地结交朋友，又要让他们结交的都是合适的朋友，可以和这些朋友无论是平安还是危险都不改变感情、遇上危难困苦还能互相分担，我没看到他们能找到很多这样的朋友。若这样的朋友轻易便可寻得，即使是到小土丘上去寻找琬琰那样的美玉，到鷦鷯那样的小鸟的巢穴中去寻找鸾凤，也都不算困难的事了。我又怎敢说蓝田的阳坡、丹穴当中，没有美玉和凤凰这样的宝物呢！我也只是说这样的宝物很稀有罢了。

【原文】

“夫操尚不同，犹金沉羽浮也；志好之乖次，犹火升而水降也。苟不可同，虽造化之灵、大块之匠，不可使同也，何可强乎！余所禀讷骁[①]，加之以天挺笃懒，诸戏弄之事，弹棋博弈，皆所恶见；及飞轻走迅，游猎傲[②]览，咸所不为，殊不喜嘲亵。凡此数者，皆时世所好，莫不耽之，而余悉阙焉，故亲交所以尤辽[③]也。加以挟直，好吐忠荩[④]，药石所集，甘心者鲜。又欲勉之以学问，谏之以驰竞，止其摴蒲[⑤]，节其沉湎，此又常人所不能悦也。

【注释】

①骁（ái）：愚钝，愚笨。②傲：通“遨”，遨游。③辽：通“寥”，稀少。④忠荩（jìn）：忠诚。⑤摴（chū）蒲：古代的一种赌博游戏。

【译文】

“人们的操守崇尚不同，就像是金属下沉而羽毛浮起一样；志向爱好的差异，就像是火向上升而水向下降一样。如果人们的志向不能相同，那么即使是神奇的造物主、巧妙的大自然，也不能使他们的志向相同，怎么能强行使他们相同呢！我天生不善言谈、头脑愚钝，再加上生性懒惰，各种玩耍娱乐的事情，比如博戏、下棋之类的游戏，都是我讨厌看见的；至于带着飞鹰、猎犬，去山林打猎游玩，都是我不愿意做的，特别不喜欢亲近而不庄重的嘲弄玩笑。所有这些事情，全都是现在这个社会上的人们喜好做的事情，没有人不沉溺于这些游戏娱乐之中，而我对这些全都没有兴趣，所以和我亲密交往的人就特别少。再加上我性格直爽，喜欢尽吐忠言，喜欢批评别人，因此喜欢我的人就更少。另外，我还想要用学问来勉励别人，劝阻别人不要争名夺利，阻止别人玩博戏，让别人节制嗜酒的欲望，这又是一般人所不喜欢的。

【原文】

“毁方瓦合，违情偶俗。人之爱力，甚所不堪，而欲好日新，安可得哉！知其如此而不辩[1]改之，可不谓之暗于当世、拙于用大乎？夫交而不卒，合而又离，则两受不弘之名，俱失克终之美。夫厚则亲爱生焉，薄则嫌隙结焉，自然之理也，可不详择乎！为可临觞拊背，执手须臾，欲多其数而必其全，吾所惧也。”

【注释】

①辩：通“便”，马上。

【译文】

“毁去自己性格的棱角而与平庸的人相合，违背自己的心愿而与世俗的人配合。人们喜欢并努力做的事情，我实在接受不了，而想要我在交友方面有所改进，怎么可能呢！知道自己这样不善交友而不马上加以改正，能够不说自己是对现实社会愚昧无知、在大事上很笨拙吗？交往却不能交往到底，结交后又断交，那么两边都会获得不够宽宏大度的名声，都要失掉有始有终的美誉。感情深厚就会产生亲密友好，感情浅薄就会导致猜忌隔阂，是很自然而然的道理，能不谨慎选择朋友吗！只为能有人和自己拿起酒杯、拍拍肩背，握一握手，就要广泛结交朋友而且还要求对方各方面都很优秀，这正是我所畏惧的事情。”

【原文】

或曰：“然则都可以无交乎？”

【译文】

有人说：“这样说来，人们都可以不用结交朋友了吗？”

【原文】

抱朴子答曰：“何其然哉！夫畏水者何必废舟楫，忌伤者何必弃斧斤？交之为道，其来尚矣。天地不交则不泰，上下不交即乖志。夫不泰则二气隔并矣，志乖则天下无国矣。然始之甚易，终之竟[①]难。患乎所结非其人，败于争小以忘大也。《易》美金兰，《诗》咏百朋，‘虽有兄弟，不如友生’。切思[②]三益，大圣所嘉，门人所以增亲，恶言所以不至；管仲所以免诛戮而立霸功，子元所以去亭长而驱朱轩者，交之力也。

【注释】

①竟：疑为“寔（shí）”，确实。②切思：应为“切偲”，相互切磋勉励。

【译文】

抱朴子回答说：“怎么能这样说呢！怕水的人为什么一定要废掉船和桨，害怕受伤的人为什么一定要丢弃斧子呢？结交朋友作为一种生活准则，由来已久了。天和地不交合就不能产生天地间的万物，上层的君主和下层的平民百姓不交往就会思想背离。万物不生就会导致阴阳二气失调，思想分离就会导致天下没有国家。然而结交朋友容易，结交到底却很困难。值得人们担心的是所结交的朋友于己不是恰当的人，友情最终因为彼此在小事上争夺而忘掉朋友大义而破裂。《周易》赞美深情厚谊的金兰之好，《诗经》歌颂有众多的朋友，‘虽然有兄弟，也不如有朋友’。能相互切磋勉励的朋友，能带来正直、诚信、多闻这三种好处的朋友，是大圣人孔子都嘉许的朋友。弟子们之所以更加亲近，恶言恶语之所以不被也子听到；管仲之所以免除被诛杀的危险而建立了霸业，朱博之所以能离开亭长的位置而登上权贵才能乘坐的华美马车，都是结交朋友的力量。

【原文】

“单弦不能发《韶》[①]《夏》[②]之和音，孑色不能成衮龙[③]之玮烨[④]，一味不能合伊鼎之甘，独木不能致邓林之茂。玄圃极天，盖由众石之积；南溟浩漭[⑤]，实须群流之赴。明镜举则倾冠见矣，羲和照则曲影觉矣，檃括修则枉剌[⑥]之疾消矣，良友结则辅仁之道弘矣。

【注释】

①《韶》：虞舜时的一支乐曲。②《夏》：大禹时的一支乐曲。③衮(gǔn)龙：本指古代皇帝的朝服上绣的龙，后用来代指皇帝所穿的绣有龙纹的高贵服饰，也称衮服、衮衣。④玮烨(wěi yè)：光彩华美的样子。⑤浩漭：浩瀚无边的样子。⑥剌：疑为“剌”(là)，不正。

【译文】

“一根弦不能弹奏出《韶》《夏》这样的和谐之音，一种颜色不能绣成君王衮服上的华美龙纹，一种味道不能调出伊尹鼎中的美味，一棵树不能有邓林那样的大树林的茂密。昆仑山上的玄圃之所以能高耸入天，是因为它是由众多的石头堆积起来的；南海之所以浩瀚无边，实际上是众多江河流入汇聚而成。举起明亮的镜子就能看到帽子戴歪了，阳光照耀下就能发觉自己的影子扭曲了，使用矫正曲木的工具就能让树木弯曲的毛病消失，结交优秀的朋友就能弘扬培养仁德的风气。

【原文】

“达者知其然也，所企及则必简乎胜己，所降结则必料乎同志。其处也则讲道进德，其出也则齐心比翼。否则钧鱼钓之业，泰则协经世之务。安则有以精义，危则有以相恤。耻令谭、青[①]专面地之笃，不使王、贡[②]擅弹冠之美。夫然，故交道可贵也。

【注释】

①谭、青：先秦时的两位歌唱家薛谭和秦青。②王、贡：西汉琅邪人王吉、贡禹，两人有很深厚的友谊。

【译文】

“通达的人知道这一点，所以他们向上结交的朋友一定选择比自己强的人，他们向下结交的朋友一定是考虑对方与自己志同道合。他们隐居时就探讨道理增进德行，他们出仕时就齐心协力比翼齐飞。他们的生活不顺时就一起隐逸江湖，他们的生活顺畅时则齐心协力治理国家。生活安适时就精研事物微妙的道理，陷入危险时就互相救助。他们耻于让薛谭和秦青拥有令人钦佩的深厚友情，不让王吉和贡禹独占弹冠相庆、志同道合的美名。只有做到这样，交友之道才是可贵的。

【原文】

“然（此处有脱文）实[①]未易知，势利生去就，积毁坏刎颈之契，渐渍释胶漆之坚。于是有忘素情之绸[②]叹，或睚眦而不思，遂令元伯、巨卿[③]之好，独著于昔；张耳、陈余[④]之变，屡搆于今。推往寻来，良可叹也！夫梧禽[⑤]不与鸱枭[⑥]同枝，麟虞[⑦]不与豺狼连群，清源不与浊潦混流，仁明不与凶暗同处。何者？渐染积而移直道，暴迫则生害也。”

【注释】

①实：“实”前缺一字，或缺一“虚”字，或缺一“人”字。②绸：通“惆”，惆怅，伤感。③元伯、巨卿：东汉时的张劭和范式，张劭，字元伯，范式，字巨卿。二人是一对感情很好的朋友，张劭去世后灵柩迟迟不肯入墓穴，直到范式赶到后才入墓穴。④张耳、陈余：秦汉之交时的一对刎颈之交，但两人后来在反秦时产生矛盾，最后各自为政，成为敌人。⑤梧禽：凤凰。⑥鸱枭（chī xiāo）：猫头鹰。⑦麟虞：古代的两种瑞兽——麒麟和驺（zōu）虞。

【译文】

“然而了解一个人实在是很不容易，权势和利益往往导致朋友间的离散与相聚，毁谤的话听得多了就能毁掉刎颈之交，就像牢固的胶漆在水里浸泡的时间长了就能够消解。于是就产生了因为忘掉平素感情的众多叹息，有的人因为一点小的嫌隙就不顾彼此原来的感情，于是让张劭和范式那样的深情厚谊，只能在从前找到；张耳和陈余反目成仇的变故，在如今却时常发生。推究过去、探寻未来，实在是让人感叹啊！凤凰不和猫头鹰停落在同一根树枝上，麒麟、驺虞不和豺狼结为一伙，清冽的源泉不和浑浊的雨后积水混杂流到一起，仁德明理的人不和凶暴愚昧的人相处。为什么呢？因为交往的时间久了，就会改变自己正直的品德，即使交往的时间很短也会对自己产生危害。”

【原文】

或人曰：“敢问全交之道可得闻乎？”

【译文】

有的人说：“请问您能不能将保全友情的办法，说给我听一听？”

【原文】

抱朴子答曰：“君子交绝犹无恶言，岂肎[1]向所异辞乎？杀身犹以许友，岂名位之足竞乎？善交狎而不慢，和而不同，见彼有失，则正色而谏之；告我以过，则速改而不惮。不以忤彼心而不言，不以逆我耳而不纳；不以巧辩饰其非，不以华辞文其失；不形同而神乖，不匿情而口合；不面从而背憎，不疾人之胜己；护其短而引其长，隐其失而宣其得，外无计数之诤，内遗心竞之累。夫然后《鹿鸣》之好全，而《伐木》之刺息。若乃轻合而不重离，易厚而不难薄，始如形影，终为参辰，至欢变为笃恨，接援化成雠敌；不详之悔，亦无以（此处有脱文）。

【注释】

①肎：疑为“背”，背后。

【译文】

抱朴子回答说：“君子与人断绝交往尚且不说对方的坏话，怎么会当面一套背后一套呢？有人尚且愿意为了朋友牺牲自己的性命，又怎么会和朋友争夺名誉地位呢？善于与朋友交往的人总是亲近而不轻慢，坚持个人的正确看法而不随声附和别人，见到对方有过错，就严肃地劝谏他；对方告诉自己有过错，就马上改正而不畏难。不会因为会违背对方的意愿就不说，不会因为对方说的话不好听就不予采纳；不会用花言巧语的辩解来掩饰自己的过错，不会用华美的言辞来遮掩自己的过失；不会表面赞同而内心反对，不去藏匿自己真正的想法而在口头上迎合对方；不会当面顺从对方而在背后憎恨对方，不会嫉妒对方的才能胜过自己；不会遮掩对方的缺点而宣扬对方的优点，不会隐藏对方的过失而宣扬对方的成绩，在外面没有斤斤计较的争执，内心里放下争强好胜的劳心之苦。然后《诗经·鹿鸣》中所歌颂的美好友谊就能够保全，《诗经·伐木》中所讽刺的薄情寡义的情况才会真正消失。至于那些轻易结交朋友也轻易离弃朋友的人，很容易就能感情深厚，也很容易就薄情寡义，开始时彼此如影随形，到最后就像永不相见的参星与辰星一样，由相交甚欢变为深恶痛绝，互帮相助化作彼此仇视；不谨慎选择朋友的遗憾，也就没有（此处有脱文）。

【原文】

“往者汉季陵迟，皇辔不振，在公之义替，纷竞之俗成。以违时为清高，以救世为辱身，尊卑礼坏，大伦遂乱。在位之人，不务尽节，委本趋末，背实寻声。王事废者其誉美，奸过积者其功多。莫不飞轮兼策，星言①假寐，冒寒触暑，以走权门，市虚华之名于秉势之口，买非分之位于卖官之家。或争所欲，还相屠灭。

【注释】

①星言：“星言夙驾”的简略词，指很早就驾车出门。

【译文】

“当初汉朝末年国势日渐衰落，皇帝的权柄旁落，为国尽忠的原则已经废弃，乱纷纷地争名夺利的风气已经形成。人们将脱离当时时代的行为看作是清雅高尚，将救助社会的行为看作是辱没自身，尊卑的礼制败坏了，基本的伦理道德也就变得混乱不堪了。为官者，不努力保持臣子的忠贞节操，而是放弃了应为国效力、为民谋福的根本原则去奔向争权夺利的歪门邪道，不干实事而追求虚名。废弃了国家大事的人反而获得美誉，不断犯下奸邪罪过的人反而得到很多的功劳。没有人不如同脚踩着飞轮、扬鞭策马，星夜兼程和衣假寐，冒着严寒顶着酷暑，就为了在权贵的门庭前奔走钻营，从掌权者口中买得虚假浮华的名声，从卖官人的家里买得自己不应当担任的官职。有的人为了争夺自己想要的东西，还相互残杀、屠灭九族。

【原文】

“于是公叔①、伟长②疾其若彼，力不能正，不忍见之，尔乃发愤著论，杜门绝交，斯诚感激有为而然。盖矫枉而过正，非经常之永训也。徒当远非类之党，慎谄黩之源。何必裸袒以诡彼己、断粒以刺玉食哉！夫交之为非，重谏而不止，遂至大乱。故礼义之所弃，可以绝矣。”

【注释】

①公叔：东汉时的朱穆，字公叔，因有感于当时交友的乱象而著有《绝交论》。②伟长：三国时魏人徐干，字伟长，在其著作《中论·谴交》中批评当时的人们为了谋取利益而结交权贵的行为。

【译文】

“于是朱穆、徐干痛恨这种结交朋友的情况，却又没有力量去纠正它，又不忍心看情况这样发展下去，就发愤著书立说，关起门来断绝一切交往，这确实是因为深有感慨才激发自己这样做的。不过他们的做法有点矫枉过正，不能作为正常情况下的永久交友准则。只要人们注意远离与自己不同类的人，慎重地对待谄上欺下的行为根源，何必用如同赤身裸体的方法去指责低下的道德与华贵的衣服不相称的现象、用绝食这样的方法来讥刺在饮食上奢侈的人呢！如果人们结交的朋友为非作歹，反复劝谏也不能制止对方，于是就会导致大的祸乱。所以被礼义所抛弃的人，人们就可以与他断绝往来了。”

备阙

【题解】

备阙即完备与缺失。阙，空缺，缺失。本篇的主题是人的才能的完备与缺失。作者认为世间万物各有其优缺点，世无完人，因此君主在任用人才时不要求全责备，而应扬长避短，发挥人才的优势。

【原文】

抱朴子曰："騕褭[1]能奋兰筋[2]以绝景[3]，而不能履冰以乘深；猛虎能似雷霆以博噬，而不能蹈云雾以凌虚。鸿[4]、鹍[5]不能振翅于笼罩之中，轻鹞[6]不能电击于几筵之下。物既然矣，人亦如之。故能调和阴阳者，未必能兼百行，修简书也；能敷五迈九者，不必能全小洁，经曲碎也。

【注释】

①騕褭（yǎo niǎo）：古代骏马名。②兰筋：马目上部的筋名，筋节坚韧的马能日行千里。③景：这里指阳光。④鸿：大雁。⑤鹍（kūn）：同"鹍"，鹍鸡，一种外形似鹤的鸟。⑥鹞（yào）：对雀鹰的统称。

【译文】

抱朴子说："骏马能够奋起千里之足超越光速地奔驰，但不能踏过薄冰、游过深水；猛虎能以雷霆之势去搏斗噬咬猎物，却不能腾云驾雾飞上云霄。大雁和鹍鸡无法在笼子中振翅翱翔，轻捷的雀鹰不能在设祭的几案下像闪电一样快速出击。万物都是这样，人也是如此。能够调和阴阳、治理国家的宰相，未必能够兼有各种美好的品行、著书立说；能够实行五常之教并具备九种美德的人，不一定能在小事上做到节操高洁、做好各种各样的琐碎小事。

【原文】

"惠子[1]，上相之标也，而不能役舟楫以凌阳侯[2]；汉高，神武之杰也，而不能治产业，端检括；淮阴[3]，良将之元也，而不能修农商，免饥寒；周勃[4]，社稷之骾[5]也，而不能答钱谷，责狱辞。若以所短弃所长，则逸侪拔萃[6]之才不用矣；责具体而论细礼，则匠[7]世济民之勋不著矣。

【注释】

①惠子：战国时魏国的丞相惠施，也是战国时期著名的政治家、哲学家，开创了名家学派，与庄子是至交好友。②阳侯：波涛之神，此处代指波涛。③淮阴：汉初名将淮阴侯韩信，为汉高祖建立西汉王朝立下赫赫军功，但早年未被推选为官吏时，因无经商谋生之道，常常依靠别人糊口度日。④周勃：汉初将领、汉文帝时丞相，曾成功平定韩信叛乱。⑤骾（gěng）：骨干重臣。骾，骨干。一说“骾”是正直的意思。⑥逸侪（chái）拔萃：超越同辈，出类拔萃。侪，同辈或同类的人。⑦匠：治理，修整。一说疑为“匡”，匡正。

【译文】

“惠施，是优秀国相的榜样，却不能驾船摇桨横渡江河；汉高祖刘邦，是圣明神武的英雄，却不能为家里置办产业，严格地约束自己。淮阴侯韩信，是良将中的魁首，却不能务农经商，以免自己挨饿受冻；周勃，是国家的重臣，却不能答出钱谷的数量，不能回答法官的责问。如果因为他们的缺点就不用他们的优点，那么出类拔萃的人才就都不能任用了；要求对方在小事上处处周全、在礼节上细致入微，那么能够匡正世风救助百姓的功勋也就无法建立了。

【原文】

“天不能平其西北，地不能隆其东南，日、月不能摛[1]光于曲穴；冲风不能扬波于井底。擿[2]齿，则松樌[3]不及一寸之筵；挑耳，则栋梁不如鷦鷯之羽；弹鸟，则千金不及丸泥之用；缝缉，则长剑不及数分之针。何必伏巨象而捕鼠，制大鹏以司晨[4]乎？故姜牙卖煦[5]无所售，而见师于文、武；蒋生愦慢于百里，而独步三槐[6]。”

【注释】

①摛（chī）：本指舒展，此处引申为照耀。②擿（tī）：剔除。③樌

抱朴子外篇

（jiǎ）：楸树或茶树。④司晨：雄鸡报晓。又称为“时夜”“司夜”。⑤賥：一说疑为“浆”，一说疑为“佣”。“卖佣”即出卖劳力。⑥三槐：周代官廷外种有三棵槐树，三公朝天子时，面向三槐而立，后因此用三槐比喻位列三公的人。

【译文】

“上天不能让自己的西北方变得平整，大地不能让自己的东南方隆起来，日、月不能让自己的光芒照进曲折的洞穴，大风不能让井底的水扬起波澜。剔牙，那么松树、楸树不如一寸长的细小竹签；掏耳朵，房屋的栋梁之木不如鷦鷯这样的小鸟的羽毛。打鸟，价值千金的珠子不如泥丸好用；缝补衣服，长剑不如几分长的细针。为何一定要驯服大象让它去捕捉老鼠、制服大鹏鸟让它去打鸣报晓呢？因此姜子牙想要出卖劳力却没有人愿意雇佣他，却被周文王和周武王拜为老师；蒋琬治理方圆百里的地方显得糊涂轻慢，却在位列三公的人中出类拔萃。”

擢才[①]

【题解】

擢才即选拔人才。擢，抽引，选拔。本篇在《贵贤》《任能》《审举》等篇的基础上，重点阐述了人才难知、社会环境影响人才评价标准、小人对人才的嫉恨与诽谤等选拔人才的疑难问题。

【原文】

抱朴子曰："华章藻蔚，非矇瞍[②]所玩；英逸之才，非浅短所识。夫瞻视不能接物，则兖龙与素褐同价矣；聪鉴不足相涉，则俊民与庸夫一概矣。眼不见，则美不入神焉；莫之与，则伤之者至焉。且夫爱憎好恶，古今不均，时移俗易，物同价异。譬之夏后之璜[③]，曩直连城，鬻[④]之于今，贱于铜铁。故昔以隐居求志为高士，今以山林之儒为不肖。故圣世人之良干，乃暗俗之罪人也；往者之介洁[⑤]，乃末叶之羸劣也。

【注释】

①擢（zhuó）：抽引，选拔。②矇瞍（méng sǒu）：盲人。③璜（huáng）：半璧形的玉。④鬻（yù）：卖。⑤介洁：耿介高洁。

【译文】

抱朴子说："华美的花纹光彩夺目，却不是盲人所能观赏的；出类拔萃的人才，却不是目光短浅之人所能识别的。如果观察事物却不能与客观事物接触，那么绣有龙纹的衮服与不染色的粗糙麻衣价值相等，如果鉴别人物的才智还不足以鉴别人才的优劣，那么出类拔萃的人才和才智平庸的百姓就没有区别。眼睛看不见，美就不能进入内心；不去帮助贤人，伤害贤人的人就会到来。况且在爱好和憎恶上，古今标准都有所不同，时代推移风俗改变，同样的东西却有不同的价值。比如夏代的玉璜，在以前价值连城，到今天来卖，它的价值还不如铜铁。因此从前把隐居不仕追求心志的人看作是高尚之士，现在却认为隐居山林的儒士是不贤德的人。所以圣明时代的优秀人才，却是暗昧庸俗时代的罪人；从前的耿介高洁之士，却是衰落末世的低劣之徒。

【原文】

“弘伟之士、履道之生，其崇信匪①徒重仞之墙，其渊泽不唯吕梁之深也。故短近不能赏，而浅促不能测焉。因以异乎己而薄之矣，以不求我而疾之矣，不贵不用，何足言乎？乃有播埃尘于白圭，生疮痏②于玉肌；讪疵③雷同，攻伐独立，曾参④蒙劫剽之垢，巢⑤、许⑥获穿逾之谤。自匪明并悬象、玄鉴表微者，焉能披泥抽沦玉，澄川掇沉珠哉！夫圭璋居肆而不售，矧⑦乃翳⑧于槃璞⑨乎？奇士扣角而见遏，况乃潜于罩薮⑩乎？

【注释】

①匪：通“非”。②疮痏（wěi）：疮疡，伤痕。③讪疵（shàn cī）：诋毁非议。④曾参（shēn）：孔子的早期弟子之一曾子，名参，字子舆，主张以孝恕忠信为核心的儒家思想，是儒家学派的重要代表人物。⑤巢：尧帝时的一位高士，道家前身，因筑巢而居，人称巢父。尧帝以天下让之，不受，隐居聊城，以放牧终老一生。⑥许：尧舜时代的贤人，一位隐士。尧帝以天下让之，许由认为这是对他的一种羞辱，便到颍水河洗濯他的耳朵。⑦矧（shěn）：何况，另外。⑧翳（yì）：原指用羽毛做的华盖，后引申为障蔽，遮盖。⑨槃璞：大块的美玉原石。槃，通“磐”，大石头。璞，含有玉的石头。⑩罩薮：应为“皋薮（gāo sǒu）”。皋，沼泽。薮，生长着很多草的湖泽。

【译文】

“志向远大的士人、遵循大道的儒生，他们的志向之高比得过几丈高的城墙，他们的思想之深邃比得过吕梁的深渊。因此那些目光短浅、才智浅近的人不能够去欣赏他们，那些见识浅薄的人不能够去理解他们。因为他们和自己不同就鄙薄他们，因为他们不有求于自己就痛恨他们，不重视不任用他们，他们哪里值得一说呢？于是就有人如同洁白的珪玉上蒙上灰尘一样抹黑他们，如同在白皙的皮肤上创出伤瘢一样伤害他们；众口一词地诽谤非议他们，攻击讨伐人格独立的贤能之士，曾参这样的忠孝之人因此蒙受了抢劫的恶名，巢父、许由这样的高洁之士也因此遭受了打洞穿墙盗窃的诽谤。如果不是明如日月、能明察秋毫的人，怎么能够拨开泥土找到藏在泥中的美玉、澄清河水以拾取沉在河底的宝珠呢？圭璋这样精美的玉器摆在店铺里尚且无法卖出，更何况是隐藏在大块璞石里面的美玉呢？奇逸之士敲着牛角唱歌以求出仕尚且会被阻遏，更何况是隐居在山野湖泽之中的隐逸之士呢？

【原文】

“孙膑思骋其秘略，而司马刖①之；韩非②愿建治绩，而李斯杀之。贾谊③慷慨，怀经国之术，而武夫排之；子政④忠良，有匡危之具，而恭、显陷之。和氏⑤所以抱璞而泣血，禽息⑥所以发愤而碎首也。夫玉石易别于贤愚，爱宝情笃于好士，以易别之宝，合笃好之物，犹获罪截趾，历世受诬，况乎难知之贤，非意所急！谗人画蛇足于无形，奸臣畏忠贞之害己；体曲者忌绳墨之容，夜裸者憎明烛之来。是以高誉美行，抑而不扬，虚构之谤，先形生影。又无楚人号哭之荐，万无一遇，固其宜矣。

【注释】

①刖（yuè）：古代的一种酷刑，把脚砍掉。②韩非：战国末期韩王之子，荀子的学生，将商鞅的“法”，申不害的“术”和慎到的“势”集于一身，是法家思想的集大成者，后被嫉妒他的李斯设计害死。③贾谊：西汉初年著名政论家、文学家，世称贾生，少有才名，受到汉文帝重用，但被大臣周勃、灌婴排挤。④子政：西汉历史学家、文学家刘向，原名更生，字子政，因反对宦官弘恭、石显而下狱，免为庶人。⑤和氏：和氏璧的发现者卞和，春秋时楚国人，在荆山砍柴时发现一块璞玉，先后献于楚厉王、楚武王，却被冤枉欺君而被砍去双脚，后抱着璞玉在荆山之下哭得双眼流血，始得楚文王识宝，雕琢成举世闻名的和氏璧。⑥禽息：春秋时秦国大夫，相传他向秦穆公举荐百里奚，但秦穆公没有采纳他的意见。后来秦穆

公出行，禽息堵住车说“臣生无补于国，不如死也”，以头撞阑（古代竖在大门中央的短木）脑浆迸裂而亡，秦穆公大为触动，于是任命百里奚为上卿。

【译文】

“孙膑想要在魏国施展自己的军事才华，却被魏国大将庞涓砍掉双脚；韩非子想要在秦国建立自己的政治功业，却被秦国丞相李斯杀害。贾谊激昂慷慨志向远大，胸怀经世治国的才能，然而却被周勃、灌婴这样的武将排挤；刘向忠诚善良，有匡扶国危的才能，然而却被弘恭和石显这样的宦官陷害。这就是卞和抱着藏有和氏璧的璞石哭出了血、禽息发泄愤懑撞碎了脑袋的原因。鉴别玉和石头比鉴别贤能和愚蠢要容易，喜爱宝物胜过喜爱贤能之士，拿着容易鉴别的宝物，再加上君王对宝物的喜爱之心，卞和尚且获罪被砍去双脚，受到好几代君王的冤枉，更何况是难以了解的贤能之士，他们又不是君王们急着寻找的东西！喜欢进谗言的人总是无中生有、虚构罪名，奸佞的臣子害怕忠贞之士会妨害自己的利益；体形弯曲的物体忌讳墨线的模样，在黑夜中赤身裸体的人憎恨明亮的火把来到。因此名誉品行高洁、行为美好的人，被打压而不被重用，而无中生有的诽谤，没有形体却先有了影子。再加上没有像楚人卞和那样呐喊、哭泣着举荐美玉那样去荐举贤能之士，他们碰上能知遇他们的君王的机会连万分之一也没有，也就是自然而然的事了。

【原文】

“夫以玉为石者，亦将以石为玉矣；以贤为愚者，亦将以愚为贤者矣。以石为玉，未有伤也；以愚为贤者，亡之诊也。盖诊亡者，虽存而必亡；犹脉死者，虽生而必死也。可勿慎乎！於戏[①]，悲夫！莫之思者也。昔仲尼上圣也，东受累于齐人，南见塞于子西[②]；文种[③]大贤也，初不齿于荆[④]俗，末雍游[⑤]于钧如[⑥]。竞年立功，不亦难乎？夫结绿、玄黎，非陶[⑦]、猗[⑧]不能市也；千钧之重，非贲[⑨]、获[⑩]不能抱也。《白雪[⑪]之弦，非灵素[⑫]不能徽[⑬]也；迈伦之才，非明主不能用也。

【注释】

①於戏（wū hū）：通“呜呼”，感叹语，表达赞颂或愤慨等，此处用于表达愤慨。②子西：春秋时楚国的令尹（相当于丞相）公子申，字子西，是楚昭王的异母兄，劝阻了楚昭王以书社地七百里封孔子的打算。③文种：春秋末期著名的谋略家，曾与范蠡一起辅佐越王勾践灭掉吴国，最后却被勾践赐死。④荆：楚国，楚国又称荆国。⑤瘫游：生活不得意。瘫，通“壅”，鼻塞。⑥钧如：与最初一样不得意。钧，通“均”，一样。⑦陶：陶朱公范蠡，曾辅助越王勾践灭掉吴国，然后隐退经商成为巨富，却又三散家财，自号陶朱公，被后人尊称为“商圣”。⑧猗（yī）：战国初年著名的大手工业者和商人猗顿，受范蠡经商成为巨富的触动，在猗氏王寮大畜牛羊，兼营盐业，十年间就成为与陶公齐名的巨富。⑨贲：战国时卫国的武士孟贲，十分勇猛，善举鼎，秦武王就因为和他比赛举鼎而身亡，孟贲也因此被诛灭九族。钧，古代重量单位，三十斤为一钧。⑩获：战国时秦国的大力士乌获，与孟贲齐名，能举千钧之重。⑪《白雪》：传说是春秋晋师旷所作的一首古琴曲。⑫灵素：曾为黄帝弹琴的神女素女。⑬徽：弹奏。

【译文】

“把美玉看作石头的人，也会把石头看作美玉；把贤能之士看作蠢笨之人，也会把蠢笨之人看作贤能之士。把石头看作美玉，没有什么妨碍；而把蠢笨之人看作贤能之人，就是亡国的征兆。一旦出现了亡国的征兆，即使国家还存在但必然会灭亡；就像脉相上显示出死亡的征兆，即便活着也必定会死一样。能够不小心谨慎吗！唉，可悲啊！没有人考虑到这些事情。古代的孔子是一个大圣人，却在东边被齐国人排挤伤害，在南边被楚国人子西阻挠；文种是个大贤人，最初被楚国人鄙视，后来功成名就却还是和当初一样不得意。抓紧时间建功立业，不也是太困难了吗？结绿、玄黎这样的美玉，不是陶朱公、猗顿那样的大富豪就买不起；千钧重的东西，不是孟贲、乌获那样的勇士就抱不动。《白雪》那样的高雅之乐，不是素女那样的神女就不能弹奏；出类拔萃的人才，不是圣明的君主就不能任用。

【原文】

“然耀灵、光夜之珍，不为莫求而亏其质，以苟且于贱贾[①]；洪钟、周鼎，不为委沦而轻其体，取见举于侏儒；峄阳、云和[②]，不为不御而息唱，以竞显于淫哇；冠群之德，不以沉抑而履径，而刓[③]节于流俗。是以和璧变为滞货，柔木废于勿用；赤刀之矿，不得经欧冶之炉；元凯之畴，终不值四门之辟也。”

【注释】

①贾（gǔ）：卖。②峄（yì）阳、云和：两座山名。峄山、云和山，因为这两座山上生长的桐树是制造琴瑟的良木，因此后来用这两座山代指优质的琴瑟。云和，山名。据说这里盛产琴瑟。③刓（tuán）：截断，割断，引申为改变之意。

【译文】

“然而像太阳、月亮那样耀眼夺目的珍宝，不会因为无人求取就减损自己的美质，以便随意贱卖；大钟和周鼎那样沉重的器具，不会因为被抛弃埋没就减轻自己的分量，以便被侏儒轻松举起；精美的琴瑟，不会因为无人弹奏就不再有美妙的音质，以便去和靡靡之音竞争；具有出类拔萃的美德的人，不会因为被埋没打压就去走捷径取巧，以便改变自己的节操去附和流俗。因此珍贵的和氏璧变成了滞销的货物，质地柔韧的优质木材被废弃不用；可制成赤刀那样宝刀的矿石，无法进入欧冶子那样的铸剑大师的炼炉；八元八凯那样的贤能之士，永远不会遇到君主打开四门以广开贤路的机会。”

清鉴

【题解】

清鉴即清楚、明确地鉴别人才。本篇重点阐述了知人不易的观点及原因，告诫君主在任用人才时一定要仔细考察、反复甄别，循序渐进地任用人才，不可顿任。

【原文】

抱朴子曰："咸①谓：'勇力绝伦者，则上将之器；洽闻治乱者，则三九之才也。'然张飞、关羽，万人之敌，而皆丧元②辱主，授首非所；孔融③、边让④，文学邈俗，而并不达治务，所在败绩。邓禹⑤、马援⑥，田间诸生，而善于用兵；萧何⑦、曹参⑧，不涉经诰，而优于宰辅。尔则知人果未易也。欲试可乃已，则恐成（此处有脱文），折足覆餗⑨；欲听言察貌，则或似是而非，真伪混错。然而世人甚以为易，经耳过目，谓可精尽。余甚猜焉，未敢许也。

【注释】

①咸：都。一说"咸"应为"或"，有人。②元：头颅，脑袋。③孔融：东汉末年文学家，"建安七子"之一。袁谭攻北海时，孔融与其激战数月后败逃山东，后来因触怒曹操而被杀。④边让：字文礼，东汉末年的名士，因作《章华赋》而名噪一时，被大将军何进起用，后来因多次轻视和贬低曹操而被杀。⑤邓禹：字仲华，东汉初年军事家，辅助刘秀建立东汉，功劳卓著。⑥马援：字文渊，东汉初年军事家，最初为陇右军阀隗嚣的属下，后归顺刘秀，为刘秀统一天下立下了赫赫战功。⑦萧何：西汉开国功臣，刘邦论功行赏时定萧何为首功。⑧曹参（cān）：字敬伯，西汉开国功臣，是继萧何后的汉代第二位相国。⑨餗（sù）：本指鼎中的食物，后泛指美味佳肴。

【译文】

抱朴子说："有人说：'勇力无比的人，就是做统帅的材

抱朴子外篇

料；广闻世事、治平混乱的人，就是做三公九卿的人才。’然而张飞、关羽这样的猛将，虽然能以一敌万，但最后自己丢了脑袋还使君主受辱，死在不该死的地方；孔融、边让这样的文豪，虽然文章学问超凡脱俗，然而并不懂得治理国家的政务，所做的事都失败了。邓禹、马援这样的将领，虽是乡野出身的读书人，却善于用兵；萧何、曹参这样的谋士，虽然没涉猎过经典，政绩却比宰相还要优秀。由此可见，了解一个人果真是不容易的。如果要试用他可行后才任用，那恐怕（此处有脱文），折断鼎足倾覆了鼎中的美味佳肴；如果要聆听他的言辞、观察他的举止，那或许得到的印象似是而非，真假混杂。但世上的人们以为了解一个人是很容易的事，只要亲耳听过、亲眼见过，就可以精准地了解一个人了。我对此持怀疑态度，不敢赞同。

【原文】

“区别臧否，瞻形得神，存乎其人，不可力为。自非[①]明并日月，听闻无音者，愿加清澄，以渐进用，不可顿任。轻假利器，收还之既甚难，所损者亦已多矣。无以一事暗[②]保其余。同乎己者，未必可用；异于我者，未必可忽也。”

【注释】

①自非：除非。②暗（ān）：通“谙”，深谙，熟悉。

【译文】

“区别一个人的好坏，要观察他的外貌考察他的思想这些都会自然而然地显示他的好坏，不是能人为伪装出来的。除非你是像太阳、月亮一样明智、能够听见别人听不见的声音的人，否则就要在选拔人才时仔细考察鉴别，逐渐提升任用，不能立即就给予重任。轻易地给予对方大权，收回大权不仅会很困难，所导致的损失也会很多。不要因为一个人深谙某件事就认为他对其他事也是如此。和自己观点一致的，未必可以任用；和自己观点不一致的，也未必可以忽视。”

【原文】

或难曰：“夫在天者垂象，在地者有形，故望山度水，则高深可推；风起云飞，则吉凶可步。智者睹木不瘁，则悟美玉之在山；觌[①]岸不枯，则觉明珠之沉渊。彗星出，则知鳣鱼[②]之方死；日、月蚀，则识骐驎[③]之共斗。华、霍不须称，而无限之重可知矣；江、河不待量，而不测之数已定矣。鸿鹄[④]之翼，騄骐之足，虽未飞走，轻迅可必也；豪曹之剑[⑤]，徐氏匕首[⑥]，虽未奋击，其立断无疑也。

【注释】

①觌（dí）：看见。②鳣（zhān）鱼：一种体长约两米、最大可达五米以上的鱼。此处疑为"鲸鱼"，因为《淮南子·天文训》上说："鲸鱼死而彗星出。"③骐驎：麒麟。④鸿鹄：大雁和天鹅。⑤豪曹：古代的一柄宝剑，也作"毫曹"。越王勾践打算将宝剑"纯钩""湛庐""太阿""鱼肠""巨阙"交予善于相剑的薛烛评价，却让人先把"豪曹"拿给薛烛看，薛烛说豪曹虽然很有名，但"光华散淡，不能算宝剑"。⑥徐氏匕首：战国时赵国的铸剑名家徐夫人（姓徐名夫人的男子），以藏锋利匕首闻名，荆轲刺秦王所用的匕首即出自徐夫人。

【译文】

有人辩驳说："上天要通过显示日、月、星辰来显示自己的形象，大地要通过山川草木来显示自己的形状，所以仰望山峰、估量流水，就可以推测出山的高度、水的深度；风起云涌，就可以预测是吉是凶。聪明的人看到树木不枯黄，就知道有美玉藏在山中；看到涯岸不干涸，就知道有明珠沉在深渊里。彗星一出现，就知道鲸鱼即将死去，日食、月食一出现，就知道麒麟正在互相争斗。华山、霍山不需要称量，就知道它们具有无限的重量；长江、黄河不需要计量，就知道它们的深度无法计算。大雁、天鹅的翅膀，骏马的腿脚，即使没有起飞、奔跑，就知道它们必定是轻捷、迅速的；豪曹宝剑，徐夫人的匕首，即使没有挥起砍削，也知道它们具有吹毫立断的锋利。

【原文】

"驳[①]子有吞牛之容，鹗[②]鷇[③]有凌鸷之貌。卉茂者土必沃，鱼大者水必广。虎尾不附狸身，象牙不出鼠口。叔鱼[④]无猒[⑤]之心，见于初生之状；食我[⑥]灭宗之征，著乎开胞之始。申童[⑦]觉窃妻之巫臣，张负[⑧]知将贵之陈平[⑨]。范子所以绝迹于五湖者，以句践[10]蜂目而鸟喙也；赵人所以息意于争锋者，以白起[11]首锐而视直也。文王之接吕尚，桑阴未移，而知其足师矣；玄德之见孔明，晷景[12]未改，而腹心已委矣。

【注释】

①驳：传说中一种凶暴的猛兽，外形如马，以虎豹为食。②鹗（è）：鱼鹰。③鷇（kòu）：需母鸟哺食的雏鸟。④叔鱼：春秋时期晋国大夫羊舌鲋，也称叔鲋，字叔鱼，是中国历史上第一个被史书记载的因为贪污而受到惩罚的官员。⑤猒（yàn）：通“餍”，餍足，满足。⑥食我：春秋时晋国贵族叔向之子杨食我，字伯石，因为与祁盈结党叛乱而被杀，家族也被灭。⑦申童：春秋时期楚国大夫申叔跪，芈姓，申氏，名叔跪，与其父遇到巫臣时，从巫臣的神色中预感到巫臣将拐带别人的妻子逃跑，后来巫臣果然带着夏姬逃到晋国。⑧张负：秦末汉初时的一个富人，认为陈皮必定会飞黄腾达，因而把孙女嫁给了陈平。⑨陈平：西汉王朝的开国功臣，少时家中十分贫困，但喜读书，有大志。⑩句践：即越王勾践。⑪白起：战国时期著名将领白起，又称公孙起，为秦国统一六国做出了巨大的贡献。⑫晷景（guǐ yǐng）：晷表之投影，日影。晷，日影。景，同“影”。

【译文】

“幼小的驳也有能吞食牛羊的凶猛模样，幼小的鱼鹰也有能凌空击杀猎物的姿态。花草茂盛的地方土壤必定肥沃，鱼儿肥硕的地方水域必然宽广。老虎尾巴不会附着在狸子身上，象牙不会出自老鼠之口。羊舌鲋贪得无厌的品性，在他刚刚出生时就在外貌上显露了出来；杨食我导致家族覆灭的征兆，在他刚刚落地时就很明显了。申叔跪预感到巫臣将拐带别人的妻子夏姬逃走，张负知道陈平以后会富贵显达。范蠡之所以在五湖隐居山林，是因为勾践长着蜂的眼睛、鸟的嘴；赵国人之所以打消与秦国大将白起直接交锋的念头，是因为白起的头尖、眼神发直。周文王接见吕尚时，桑树的阴影都还没移动，就知道他值得作为自己的老师；刘备去拜访诸葛亮，日晷还没有变化，就对其推心置腹了。

【原文】

“郭泰[1]中才，犹能知人，故入颍川则友李元礼[2]，到陈留则结符伟明[3]，入外黄则亲韩子助[4]，至蒲亨[5]则师仇季知[6]，止学舍则收魏德公[7]，观耕者则拔茅季伟[8]，奇孟敏[9]于担负，戒元艾[10]之必败。终如其言，一无差错。必能简精钝于符表，详舒急乎声气，料明暗于举厝[11]，察清浊于财色，观取与于宜适，谓[12]虚实于言行，考操业于闺阃[13]，校始终于信效。善否之验，不其易乎？”

【注释】

①郭泰：字林宗，东汉名士，“介休三贤”之一，善于鉴识、品评人物，但不作激切而深刻的谈论，因此得以在党锢之祸中保全自身。②李元礼：东汉名士李膺（yīng），字元礼，性格孤高，不善交际，行事严明，但最后在“第二次党锢之祸”中遇害。③符伟明：东汉末年名士符融，字伟明，拜李膺为师，十分敬服郭泰。④韩子助：东汉陈留人韩卓，字子助，善于知人。⑤蒲亨：应为“蒲亭”，在今河南兰考。⑥仇季知：东汉陈留考城人仇览，字季智，一名香，用礼法严格要求自己，先为蒲县亭长，后进入太学。⑦魏德公：东汉陈国妙士，在郭泰住在陈国文学馆中时，主动服侍郭泰，面对郭泰的故意刁难，始终态度和悦，最后与郭泰交好。⑧茅季伟：东汉陈留人茅容，字季伟，在田地耕作时遇到下雨，避雨时他一个人正身而坐，郭泰觉得惊奇，与之结交后劝他修习学问，成为贤能之士。⑨孟敏：东汉巨鹿人，字叔达，在一次挑着装甑的担子时，担子中的甑不小心摔落地上，孟敏却看都不看一眼就离开了，看见这一幕的郭泰问他为何，他说甑已经摔破，看也没用。郭泰觉得他是奇才，劝他游学，十年后就名闻天下，但拒绝出仕。⑩元艾：东汉济阴人黄元艾，一名黄允，自子艾，有绝人之才，但为了娶司徒袁隗的侄女而与发妻夏侯氏离异，夏侯氏临去前当众数其隐匿罪恶十五事，使他从此臭名远扬。⑪厝：通“措”，举措。⑫谓：疑为“课”，考核。⑬闺阃（kǔn）：家庭，家族。

【译文】

“郭泰只是个中等才能的人，尚且能够了解别人，所以他进入颍川就与李膺李元礼相交为友，到了陈留就与符融结交，进入外黄就与韩子助亲近，到了蒲亭就拜仇览为老师，在学舍休息期间就接纳了魏德公，看到耕种田地的人就提拔了其中的茅季伟，遇到挑担子的孟敏就觉得他奇异不凡，告诫黄元艾将来一定会失败。最终这些人都如他所预言的一样，分毫不差。这说明确实能够从人们的外表来判断他是精明还是愚钝，从人们的声音气息来观察他的性情是舒缓还是急躁，从人们的言行举止来断定他是明白还是糊涂，从人们对金钱、美色的态度来辨别他是廉洁还是污浊，从人们行事的得当来了解他的取舍标准，从人们的一言一行来考察他是虚浮还是扎实，从人们的家庭情况来考察他的志行节操，从人们的信用来看出他是否有始有终。对人们善恶的察看，不就很容易了吗？”

【原文】

抱朴子答曰：“余非谓人物了不可知，知人挺无形理也。徒以斯术存乎大明，非夫当人①自许。然而世士各谓能之，是以有云，以警付任耳。夫貌望丰伟者不必贤，而形器尪瘁②者不必愚；咆哮者不必勇，淳淡者不必怯。或外候同而用意异，或气性殊而所务合。非若天地有常候，山川有定止也。

【注释】

①当人：疑为“常人”，普通人。②尪瘁（wāng cuì）：孱弱憔悴，形容人其貌不扬。

【译文】

抱朴子回答说：“我并不是说人是完全无法了解的，而是说了解人完全没有可供参考的具体形貌、道理。我只是认为这种知人之术只能出现在最聪明的人身上，不是普通人能够自诩的。然而世上的人都各自认为自己能够了解别人，因此我才说这些话，就是为了警醒那些身负挑选人才重任的人罢了。外表看来高大魁伟的人不一定贤能，而外表瘦弱憔悴、其貌不扬的人不一定愚笨；喜欢大喊大叫的人不一定勇敢，生性淡泊的人不一定怯懦。有的人外在的相貌与行为相同而目的却不一样，有的人脾气禀性相差悬殊而追求的目标却完全一致。人们并不像天地那样有固定的物候，也不像山岳河流那样有不变的行为。

【原文】

“物亦故有远而易知，近而难料，譬犹眼能察天衢①，而不能周项领之间；耳能闻雷霆，而不能识蚊虱之音也。唐[②]、吕[③]、樊[④]、许[⑤]善于相人状，唯知寿夭贫富、官秩尊卑，而不能审情性之宽克、志行之洿隆。惟帝[⑥]难之，况庸人乎？而吾子举论形之例，诘精神之谈，未修其本，殆失指矣。

【注释】

①天衢（qú）：广阔的天空。②唐：指战国时梁人唐举，算是相术史上的一位祖师爷。③吕：指汉高祖刘邦原配夫人吕雉的父亲，姓吕，名文，字叔平，从小喜欢相面，发现刘邦相貌高贵，就不顾妻子反对将女儿吕雉嫁给了刘邦。④樊：樊氏，姓名及生平皆不详，著有《樊氏相法》一书。⑤许：中国古代第一女神相许负，因善于相面而被汉高祖刘邦封为鸣雌亭候，著有《德器歌》《五官杂论》《听声相行》。⑥帝：指帝舜。

【译文】

"事物也确实有一些很遥远却容易了解，有一些近在咫尺却难以了解，就像眼睛能看清广阔的天空，却不能环顾看清自己的脖子周围；耳朵能听见雷霆之声，却无法分辨蚂蚁虱子的声音。唐举、吕公、樊氏、许负都善于了解别人，也只是知道人们的长寿短命、贫穷富足，和人们官位的高低，而不能详细地了解人们的性情是宽厚还是苛刻、志向操行是低下还是高尚。了解别人对帝舜那样的圣君都是很困难的事，更何况是普通百姓呢？而您所列举的观察人们外貌的例子，以此探究人们精神的说法，没有触及到事情的根本，大概是没有抓住识人之术的基本宗旨啊！

【原文】

"夫亡[①]射之箭，皆破秋毫，然准的[②]恒[③]不得为工。叔向之母[④]，申氏之子[⑤]，非不一得，然不能常也。陶唐稽古而失任，姬公钦明而谬授。尼父远得崇替于未兆，近失澹台于形骸；延州审清浊于千载之外，而蔽奇士于咫尺之内。知人之难，如此其甚。郭泰所论，皆为此人过上圣乎？但其所得者，显而易识；其所失者，人不能纪。

【注释】

①亡：通"妄"，妄自，随便，没有目的。②准的：箭靶，目标。③恒：

“恒”前应缺“无”字。④叔向之母：晋国大夫羊舌职之妻、叔向之母羊舌叔姬，以慧著称，多次准确预言其家人命运，曾预言叔鱼以贿死、叔虎以难死、杨食我灭族，后来这些都一一应验了。⑤申氏之子：申叔跪，曾预言巫臣将拐带别人的妻子逃跑，后果真应验。

【译文】

“随随便便射出一支箭，总能射中秋毫那么小的地方，但如果没有一个固定的目标就算不上是擅长射箭。叔向的母亲，申家的儿子，不是没有说对过一次，但不能总是说对。唐尧追求考察古代事迹以明辨是非但也曾用错了人，周公做事力求敬肃明察但也曾授错了官。孔子可以在没有征兆时看出未来之事的兴废盛衰，却由于以貌取人而错看了近在身边的弟子澹台子羽；吴公子季札能清楚地评论千年以前世事的清浊，却没能看出近在咫尺的奇逸之士。了解别人的困难，竟然有如此之大。郭泰所说的那些话，难道都是因为他这个人比大圣人还要高明吗？只不过是因为他预测准确的那些人，都是一些很容易识别的奇逸之士；而他预测错误的那些人，则没有被人记录下来。

【原文】

“且夫所贵，贵乎见俊才于无名之中，料逸足乎吴坂[①]之间，掇怀珠之蚌于九渊之底，指含光之珍于积石之中。若伯喈[②]识绝音之器于烟烬之余，平子[③]剔逸响之竹于未用之前。六军之聚，市人之会，暂观一睹，无所眩惑，探其潜生之心计，定其始终之事行，乃为独见不传之妙耳。若如未论[④]，必俟考其操蹈之全毁，观其云为之好丑，此为丝线既经于铨衡，布帛已历于丈尺，徐乃说其斤两之轻重，端匹之修短，人皆能之，何烦于明哲哉！”

【注释】

①吴坂：山坡名。在虞国境内的一条狭窄而危险的斜坡，也称“虞坂”，伯乐曾在此找到千里马骐骥。②伯喈（jiē）：东汉著名文学家、书法家、才女蔡文姬之父蔡邕（yōng），字伯喈，不仅才华横溢，还精通音律，曾听到一块桐木在火中爆裂的声音，知道这是一块好木材，因此用它制成了音色十分美妙的焦尾琴。③平子：东汉时期著名天文学家张衡，自小志

高力行，精通六艺，还擅长研究算学、天文、地理和机械制造等，发明了地动仪、浑天仪等先进的仪器。④未论：疑为“来论”，对方的观点。

【译文】

“况且人们所看重的，在于从籍籍无名的人中发现出类拔萃的人才，从吴坂那样狭窄艰险的斜坡上找到奔跑迅速的骏马，从九重深潭的水底拾取长有珍珠的蚌，从杂乱的石头中指出耀眼夺目的珍宝。就像蔡邕那样在烟火灰烬中识别出能做琴的绝佳材料，像张衡那样在使用之前就甄选出能发出美妙声音的竹子。众多的军队聚集在一起，街市的人们会合在一处，短暂地看他们一眼，就不会对他们感到迷惑，就能探究出他们内心潜在的想法，准确地预测他从始至终的事迹行为，这才是见解独到、无法传授他人的绝妙才能啊。如果像您所说的那样，一定要等到考核人们的节操行为是完美还是败坏，观察人们的言行是美好还是丑恶，这就像是丝线已经称过重量，布帛已经量过尺寸，然后才慢慢地说出它们的分量轻重、尺寸长短，这是每个人都能干的事情，何必去烦劳明智的哲人来做呢？”

行品

【题解】

行品即德行的品级。本篇的主题是人们德行的差异与类别。全篇分为两大部分：第一部分将人们的品行分为三十八种善人和四十五种恶人这两个层次；第二部分主要阐述了知人不易的十条原因，告诫人们在选拔人才时一定要慎重。

【原文】

抱朴子曰："拟玄黄之覆载，扬明并以表微；文彪昺①而备体，独澄见以入神者，圣人也。

【注释】

①彪昺（bǐng）：光辉灿烂的样子。

【译文】

抱朴子说："像天地那样覆盖、托载万物，发出像日、月一样的光明以显示明察秋毫；文采斐然而具备各种美德，见解独到透彻且出神入化，这样的人是圣人。

【原文】

"禀高亮之纯粹，抗峻标以邈俗，虚灵机以如愚，不贰过而谄黩者，贤人也。

【译文】

"禀受纯粹完美的高风亮节，具备高尚的风格而远离世俗，心中无忧无虑大智若愚，不犯同样的错误也不谄上侮下，这样的人是贤人。

【原文】

"居寂寞之无为，蹈修直而执平者，道人也。

【译文】

"身处恬淡无为的状态，遵循美好正直的原则而执守端正，这样的人是有道的人。

【原文】

“尽烝尝[①]于存亡，保发肤以扬名者，孝人也。

【注释】

①烝（zhēng）尝：祭祀祖先。

【译文】

“尽心祭祀已故的先人，保护好自己的身体而扬名天下，这样的人是孝顺的人。

【原文】

“垂恻隐于有生，恒恕己以接物者，仁人也。

【译文】

“同情所有的生命，总以爱己之心去爱护其他人和物，这样的人是仁慈的人。

【原文】

“端[①]身命以徇国，经险难而一节者，忠人也。

【注释】

①端：应作“竭”。

【译文】

“为了国家竭尽自己的一生，历经危险困难也节操如一，这样的人是忠诚的人。

【原文】

“觌[①]微理于难觉，料倚伏于将来者，明人也。

【注释】

①觌（dí）：看见。

【译文】

“能够在难以觉察的地方发现微妙的道理，预料将来的祸福兴衰，这样的人是明智的人。

【原文】

“量理乱以卷舒，审去就以保身者，智人也。

【译文】

“能估量社会的治乱以决定自己是隐居还是出仕，能推断应离职还是就职以保全自身，这样的人是有智慧的人。

【原文】

“顺通塞而一情，任性命而不滞者，达人也。

【译文】

“顺应生活的顺利或阻塞而心静如一，任凭天性命运的安排而不固执于一端，这样的人是通达的人。

【原文】

“不枉尺以直寻，不降辱以苟合者，雅人也。

【译文】

“不为了获取更大的利益为委屈自己，不为了迎合世俗而降低志向辱没自身，这样的人是正直的人。

【原文】

“据体度[①]以动静，每清详而无悔者，重人也。

【注释】

①体度：疑应为“礼度”。

【译文】

“根据礼仪法度来决定行动与否，每次行动前都仔细思考从不后悔，这样的人是稳重的人。

【原文】

“体冰霜之粹素，不染洁于势利者，清人也。

【译文】

“显现出像冰霜一样纯粹高洁的品性，不被权势与利益所污染，这样的人是清高的人。

【原文】

“笃始终于寒暑，虽危亡而不猜者，义人也。

【译文】

“无论境况好坏都能坚守自己的信念，即使身处危险存亡的紧急关头也毫不动摇，这样的人是能坚守正义的人。

【原文】

“守一言于久要，历岁衰而不渝者，信人也。

【译文】

“能长期遵守一句诺言坚持约束自我，即使历经盛衰而不改变，这样的人是讲信用的人。

【原文】

“摛[①]锐藻以立言，辞炳蔚而清允者，文人也。

【注释】

①摛（chī）：本指铺设，此处指书写。

【译文】

“能书写优美的辞藻以著书立说，辞藻华美清丽而内容精当，这样的人是有文采的人。

【原文】

“奋果毅之壮烈，骋干戈以静难者，武人也。

【译文】

“能发挥果敢坚毅豪壮激越的精神，挥舞干戈平定危难，这样的人是勇武的人。

【原文】

“甄《坟》《索》之渊奥，该前言以穷理者，儒人也。

【译文】

“能鉴别‘三坟八索’这样深奥的古代典籍，全面了解前人学说以穷究道理的人，是善于读书的人。

【原文】

“锐乃心于精义，吝寸阴以进德者，益人也。

【译文】

“能专心一致地钻研精深的经义，珍惜每一寸光阴以提升品德之人，是不断进步的人。

【原文】

“识多藏之厚亡，临禄利而如遗者，廉人也。

【译文】

“能看到多多积累财富后的巨大损失，面对利禄就像面对被丢弃的东西一样，这样的人是清廉的人。

【原文】

“不改操于得失，不倾志于可欲者，贞人也。

【译文】

“无论得失都不改变自己的操守，不因那些能激发欲望的东西而丧失志向，这样的人是有贞操的人。

【原文】

“恤急难而忘劳，以忧人为己任者，笃人也。

【译文】

“救助身处危难的人而忘记了自己的辛劳，以为他人忧虑为己任，这样的人是忠厚的人。

【原文】

“洁皎分以守终，不逊避而苟免者，节人也。

【译文】

“一辈子都坚守洁白无瑕的本性，不退避也不会为了躲避灾难而采取苟且等不正当手段，这样的人是有气节的人。

【原文】

“飞清机之英丽，言约畅而判滞者，辩人也。

【译文】

“能敏捷地发挥自己的美好才华，用简洁流畅的语言剖析滞碍的疑难问题，这样的人是善辩的人。

【原文】

“每居卑而推功，虽处泰而滋恭者，谦人也。

【译文】

“总是态度谦虚推让功劳，虽然处境安泰却更加谦恭，这样的人是谦逊的人。

【原文】

“崇敦睦于九族，必居正以赴理者，顺人也。

【译文】

“重视家族的亲密和睦，凡事必定遵循正道依从道理，这样的人是顺理的人。

【原文】

“临凝结而能断，操绳墨而无私者，干人也。

【译文】

“面临疑难问题时能当机立断，遵循法度不偏不私，这样的人是干练的人。

【原文】

“拔朱紫于中搆[1]，剖犹豫以允当者，理人也。

【注释】

①搆（gòu）：通“冓”，夜晚。

【译文】

“能在黑夜中分辨朱、紫两种颜色，剖析疑难问题并且十分恰当的人，这样的人，是头脑清晰的人。

【原文】

“步七曜之盈缩，推兴亡之道度者，术人也。

【译文】

“能推算日、月、五星的盈满与亏缺，推测国家兴盛衰亡的规律，这样的人是有道术的人。

【原文】

“赴白刃而忘生，格兕虎于林谷者，勇人也。

【译文】

“敢于奔赴白刃交锋的战场而忘却自己的生死，敢于在树林山谷中和犀牛、老虎格斗，这样的人是勇敢的人。

【原文】

“整威容以肃众，仗法度而无二者，严人也。

【译文】

“摆出庄重威严的态度以使人们肃静认真，执掌法度公平无二，这样的人是严厉的人。

【原文】

“创机巧以济用，总音数而并精者，艺人也。

【译文】

“创造灵巧的机械以便于人们使用，包括音乐、数术都很精通，这样的人是有才艺的人。

【原文】

“凌强御而无惮，虽险逼而不沮者，黠[①]人也。

【注释】

①黠（xiá）：坚强。

【译文】

“毫不畏惧地打击豪强恶霸，即使危险逼近也毫不沮丧，这样的人是坚强的人。

【原文】

“执匪[①]懈于夙夜，忘劳瘁于深峻者，勤人也。

【注释】

①匪：通“非”。

【译文】

“无论白天黑夜都坚持不懈，即使在深山峻岭中劳作也会忘记自己的劳顿困病，这样的人是勤奋的人。

【原文】

“蒙谤讟而晏如[①]，不熠惧于可畏者，劲人也。

【注释】

①谤讟（dú）：诽谤。晏如：安逸恬悦的样子。

【译文】

“蒙受诽谤仍保持安逸恬悦的心境，不畏惧那些可怕的东西，这样的人是强劲有力的人。

【原文】

“闻荣誉而不欢，遭忧难而不变者，审人也。

【译文】

“听到别人的赞誉不会喜悦，遭遇忧愁灾难也不会改变淡然的心境，这样的人是明白的人。

【原文】

“知事可而必行，不犹豫于群疑者，果人也。

【译文】

“知道事情可行就坚决去做，不会因为众人的怀疑而有所犹豫，这样的人是果断的人。

【原文】

"循绳墨以进止，不干没于侥幸者，谨人也。

【译文】

"遵循规则法度而前进或停步，不存侥幸心理去侵吞公家或别人的财物，这样的人是谨慎的人。

【原文】

"奉礼度以战兢，及亲疏而无尤者，良人也。

【译文】

"谨慎小心地遵奉礼仪法度，无论亲疏远近的人都不怨恨，这样的人是善良的人。

【原文】

"履道素而无欲，时虽移而不变者，朴人也。

【译文】

"遵循清静恬淡、无欲无求的大道，时间虽在推移也不改变，这样的人是朴实的人。

【原文】

"凡此诸行，了无一然，而不跻善人之迹者，下人也。"

【译文】

"所有这些操行，一样也没有，还不愿追随善人足迹，这样的人是下等人。"

【原文】

门人请曰："善人之行，既闻其目矣；恶者之事，可以戒俗者，愿文[1]垂诰焉。"

【注释】

①文：疑为"闻"。

【译文】

有弟子请教道："善良之人的操行，我们已经知道它们的名目了。恶劣之人的行为，可以用来警戒世俗之人，希望您赐予明示。"

【原文】

抱朴子曰："不致养于所生，损道[①]而危身者，悖人也。

【注释】

①损道：损害孝道。"道"前疑缺"孝"字。

【译文】

抱朴子说："不奉养自己的父母，损害孝道而危害自身，这样的人是违背常理的人。

【原文】

"怀邪伪以偷荣，豫利己而忘生者，逆人也。

【译文】

"心怀邪恶伪诈而窃取荣誉，乐于利己而不顾生命，这样的人是叛逆的人。

【原文】

"背仁义之正途，苟危人以自安者，凶人也。

【译文】

"背离仁义的正道，采用不正当的手段去危害他人以保证自身安全，这样的人是凶暴的人。

【原文】

"好争夺而无猒[①]，专丑正而害直者，恶人也。

【注释】

①猒：通"厌"，满足。

【译文】

"喜好争名夺利且贪得无厌，专门诬陷正人君子、伤害正直的人，这样的人是罪恶的人。

【原文】

"出绳墨以伤刻，心好杀而安忍者，虐人也。

【译文】

"超出法规的限制去刻薄地伤害他人，内心喜好杀戮且十分残忍，这样的人是暴虐的人。

【原文】

"饰邪说以浸润，构谤累于忠贞者，谗人也。

【译文】

“巧妙地编造邪恶的说法以慢慢地影响别人，诽谤陷害忠诚坚贞的人，这样的人是喜欢进谗言的人。

【原文】

“虽言巧而行违，实履浊而假清者，佞人也。

【译文】

“虽然言语巧妙但行为却违背常理，实际上做着龌龊的事却假装清高，这样的人是善于花言巧语的人。

【原文】

“不原本于枉直，苟好胜而肆怒者，暴人也。

【译文】

“不推究是非曲直的根本原因，只是一味地去占上风而恣意发怒，这样的人是暴躁的人。

【原文】

“措细善以取信，阴挟毒而无亲者，奸人也。

【译文】

“做些细小的善事来获取别人的信任，暗中怀着恶毒之心而对谁都冷酷无情，这样的人是奸诈的人。

【原文】

“承风指[①]以苟容，揆主意而扶非者，谄人也。

【注释】

①风指：君主的旨意。指，通“旨”。

【译文】

“顺从君主的旨意，苟且地获取君主的容纳，揣度君主的意图，助长君主的错误，这样的人是谄媚的人。

【原文】

“言不计于反覆，好轻诺而无实者，虚人也。

【译文】

“说话不在乎反复无常，喜好轻易许诺但实际上又不去兑现承诺，这样的人是虚假的人。

【原文】

“睹利地而忘义，弃廉耻以苟得者，贪人也。

【译文】

“看见有利益可图的地方就忘记了道义，放弃廉耻以苟且地谋取利益，这样的人是贪婪的人。

【原文】

“觌艳逸而心荡[①]，饰诗绮而思邪者[②]，淫人也。

【注释】

①觌（dí）：看见。②诗绮：服饰华美。

【译文】

“看见艳丽超群的女子就心神荡漾，穿上华美的服饰就心生邪念，这样的人是淫荡的人。

【原文】

“见成事而疑惑，动失计而多悔者，暗人也。

【译文】

“看到事情成功了仍心存疑惑，一行动就失算而且经常后悔，这样的人是愚昧的人。

【原文】

“背训典而自任，耻请问于胜己者，损人也。

【译文】

“违背前人的训导与法典而凭着自己的意愿行事，耻于请教胜过自己的人，这样的人是给自己带来损失的人。

【原文】

“知善事而不逮，虽多为而无成者，劣人也。

【译文】

“知道好的事情而不去做，虽然做了很多事却一无所成，这样的人是低劣的人。

【原文】

“委德行而不修，奉权势以取媚者，弊人也。

【译文】

“放弃美好的德行而不去提高自己的道德修养，为了讨好权贵而趋炎附势，这样的人是有害的人。

【原文】

“履蹊径以侥速，推货贿以争津[①]者，邪人也。

【注释】

①津：本指渡口，此处比喻重要官职。

【译文】

“为了侥幸地快速获取财富而走歪门邪道，为了争夺重要官职而行贿，这样的人是邪恶的人。

【原文】

“既傲很[①]以无礼，好凌辱乎胜己者，悍人也。

【注释】

①傲很：傲慢而不愿改过。

【译文】

“既傲慢又不愿改过，而且没有礼貌，喜欢凌辱胜过自己的人，这样的人是凶悍的人。

【原文】

“被抑枉而自诬，事无苦而振慑者，怯人也。

【译文】

“被人冤屈欺侮而自己却违心地承认这些罪名，发生的事情无关紧要却感到震惊恐惧，这样的人是怯懦的人。

【原文】

“治细辩于稠众，非其人而尽言者，浅人也。

【译文】

“在大庭广众中去争辩一些琐碎的问题，面对不适当的人却说尽心中的话，这样的人是浅薄的人。

【原文】

“暗事宜之可否，虽企慕而不及者，顽人也。

【译文】

“不明白事情能不能办，虽仰慕他人却追赶不上，这样的人是愚笨的人。

【原文】

“知事非而不改，闻良规而增剧者，惑人也。

【译文】

“知道事情错误而不改正，听到好的规劝反而加重自己的错误，这样的人是迷惑的人。

【原文】

“无济恤之仁心，轻告绝于亲旧者，薄人也。

【译文】

“没有救济怜悯别人的仁爱之心，轻易就和亲戚故旧断绝往来，这样的人是薄情的人。

【原文】

“既疾[1]其所不逮，喜他人之有灾者，妒人也。

【注释】

①疾：通“嫉”，嫉妒。

【译文】

“既嫉恨自己比不上的人，又喜欢看到别人有灾祸，这样的人是嫉妒的人。

【原文】

“专财谷而轻义，观困匮而不振[1]者，吝人也。

【注释】

①振：通“赈”，救济。

【译文】

“独占钱财粮食而轻视道义，看见别人困窘匮乏而不去救济，这样的人是吝啬的人。

【原文】

“冒至危以侥幸，值祸败而不悔者，愚人也。

【译文】

“为了侥幸获得富贵名利而去冒最大的危险，遇上灾祸、失败也不知道后悔，这样的人是愚蠢的人。

【原文】

“情[1]局碎而偏党，志唯务于盈利者，小人也。

【注释】

①情：性格，心胸。

【译文】

“心胸狭隘萎缩而偏私，一心只想谋取最大利益，这样的人是小人。

【原文】

“骋鹰犬于原兽[①]，好博戏而无已者，迷人也。

【注释】

①原兽：原野中的兽。即指野兽。

【译文】

“带着鹰犬四处追逐野兽，喜好博戏而无休无止，这样的人是沉迷的人。

【原文】

“忘等威之异数，快饰玩之诗[①]丽者，奢人也。

【注释】

①诗：通“夸”，过度。

【译文】

“忘记了人们的等级与威仪并不相同，洋洋自得于自己过分华丽的装饰和玩物，这样的人是奢侈的人。

【原文】

“耽声色于饮讌[①]，废庆吊于人理者，荒人也。

【注释】

①讌（yàn）：通“宴”。

【译文】

“沉溺于宴饮声色，而贻误了喜庆丧吊这些人情往来，这样的人是荒唐的人。

【原文】

“既无心于修尚，又怠惰于家业者，懒人也。

【译文】

“既不愿花费心思去提高品德修养，又懒于治理家业，这样的人是懒惰的人。

【原文】

“无抑断[①]之威仪，每脱易而不思者，轻人也。

【注释】

①抑断："抑抑断断"的省略，意思是小心谨慎、专诚守一的样子。

【译文】

"没有小心谨慎、专诚守一的美好容貌举止，又总是不假思索地轻率行事，这样的人是轻率的人。

【原文】

"观道义而如醉，闻货殖而波扰者，秽人也。

【译文】

"一看到道义却像酒醉者一样一无所知，一听说经商赚钱就情绪波动烦扰，这样的人是污秽的人。

【原文】

"杖[1]浅短而多谬，暗趋舍之臧否者，笨人也。

【注释】

①杖：通"仗"，所倚仗的，指自己的道德才能。

【译文】

"自己所倚仗的道德才能短浅而多有谬误，又不懂得取舍的正确与错误，这样的人是笨拙的人。

【原文】

"憎贤者而不贵，闻高言而如聋者，嚚[1]人也。

【注释】

①嚚（yín）：愚蠢而顽固。

【译文】

"憎恨贤能的人而不加以尊重，听到高雅的言论就像聋子一样听而不闻，这样的人是愚蠢而顽固的人。

【原文】

"睹朱紫[1]而不分，虽提耳而不悟者，蔽人也。

【注释】

①朱紫：本指红色和紫色，后用来比喻正邪、是非、善恶。

【译文】

"看到是非善恶却不能分辨，虽经老师耳提面命地恳切教导却仍不能醒悟，这样的人是蔽塞的人。

【原文】

“违道义以趑趄[①]，冒礼刑而罔顾者，乱人也。

【注释】

①趑趄（zī jū）：本指行走困难，后用来形容一个人生活不顺，处处碰壁。

【译文】

“违背道义而在生活中处处碰壁，无所顾忌地冒犯礼制刑法，这样的人是头脑混乱的人。

【原文】

“每动作而受嗤，言发口而违理者，拙人也。

【译文】

“每次行动都遭人嗤笑，话一出口就违背常理，这样的人是拙劣的人。

【原文】

“事酋豪如仆虏，值衰微而背惠者，慝[①]人也。

【注释】

①慝（tè）：奸邪，邪恶。

【译文】

“像奴仆一样侍奉首领，一旦对方权势衰微就忘恩负义，这样的人是奸邪的人。

【原文】

“捐贫贱之故旧，轻人士而踞[①]傲者，骄人也。

【注释】

①踞：通“倨”，傲慢。

【译文】

“抛弃贫穷低贱的老朋友，轻视士人并傲慢不逊，这样的人是骄傲的人。

【原文】

“弃衰色而广欲，非宦学而远游者，荡人也。

【译文】

“抛弃姿色衰减的妻子而广泛地寻求新欢，不是为了做官和学习而离家远游，这样的人是浪荡的人。

【原文】

“无忠信之纯固，背恩养而趋利者，叛人也。

【译文】

“没有精纯牢固的忠诚与信义，背弃养育之恩而一心追求利益，这样的人是叛逆的人。

【原文】

“当交颜而面从，至析离而背毁者，伪人也。

【译文】

“当面对面时表示顺从，等到分开后就在背后毁谤别人，这样的人是虚伪的人。

【原文】

“习强梁而专己，距[①]忠告而不纳者，刺人也。”

【注释】

①距：通“拒”，抗拒。

【译文】

“学习强横独断者的独断专行，拒绝别人的忠告不予采纳，这样的人是刚愎自用的人。”

【原文】

抱朴子曰：“人技未易知，真伪或相似。士有颜貌修丽，风表闲雅，望之溢目，接之适意；威仪如龙虎，盘旋成规矩。然心蔽神否，才无所堪，心中所有，尽附皮肤。口不能吐片奇，笔不能属[①]半句；入不能宰民，出不能用兵；治事则事废，衔命则命辱。动静无宜，出处莫可。盖难分之一也。

【注释】

①属（zhǔ）：本指连缀，此处指书写。

【译文】

抱朴子说：“人的才能确实不容易了解，真假在表面上有时相似。有的士人外貌高大美好，风度仪表娴静高雅，看见他们的长处就觉得目不暇接，与他们交往也觉得舒心事意；他们庄重的仪容如龙似虎，一举一动都符合规矩。然而他们的内心蔽塞、精神不佳，他们的才能胜任不了任何事情，他们心中所有的东西，都表现在了他们的外表。他们说不出一条奇妙的计策，写不了半个完整的句子；在国内不能治理百姓，出征又不能用兵打仗；一做事情就失败，一接受使命就辱没使命。他们的举止无论动静都不相宜，无论出仕还是隐居都不恰当。这大概就是难以分辨士人好坏的第一个原因。

【原文】

“士有貌望朴悴，容观矬陋，声气雌弱，进止质涩。然而含英怀宝，经明行高，干过元凯，文蔚春林。官则庶绩康用[①]，武则克全独胜。盖难分之二也。

【注释】

①康用：应为“用康”，意思是因此而成功。用，因。康，成功。

【译文】

“有的士人外表质朴憔悴，身材矮小丑陋，声音像女人一样轻柔微弱，举止朴实迟钝。但他们胸藏出色的才能学问，熟悉经典且行为高尚，才干超过八元八凯，文章比春天的园林还要华美。做官则能成功处理各种政务，带兵打仗则能保全自己并战胜敌人。这大概是难以分辨士人好坏的第二个原因。

【原文】

“士有谋猷[①]渊邃，术略入神，智周成败，思洞幽玄，才兼能事，神器无宜；而口不传心，笔不尽意，造次之接，不异凡庸。盖难分之三也。

【注释】

①猷（yóu）：谋略。

【译文】

“有的士人智谋深邃，韬略出神入化，他的智慧可以完全了解成败的缘由，他的思想能洞察幽远玄妙的道理，兼备多种才能而成就一番事业，其他人才都无法与之相比；但他的嘴巴不能传达他心中的想法，写文章也不能完全表达自己的意思，与他接触时间不长，就觉得他与平庸的人没有区别。这大概是难以分辨士人好坏的第三个原因。

【原文】

“士有机变[①]清锐，巧言绮粲，揽引譬喻，渊涌风厉；然而口之所谈，身不能行；长于识古，短于理今，为政政乱，牧民民怨。盖难分之四也。

【注释】

①机变：应为“机辩”，机敏善辩。

【译文】

“有的士人机敏善辩，头脑清楚敏锐，巧妙的言词华美漂亮，引经据典善用比喻，辩论气势之大犹如波涛汹涌、狂风肆虐；但他们口中所说的，他们自己却做不到；了解古代是他们的长处，治理当今却是他们的短处，于是他们从政就使得政事混乱，治民就使得民众怨恨。这大概是难以分辨士人好坏的第四个原因。

【原文】

“士有外形足[①]恭，容虔言恪，而神疏心慢，中怀散放，受任不忧，居局[②]不治。盖难分之五也。

【注释】

①足（jù）：过分。②局：古代的官署名，此处泛指官职。

【译文】

“有的士人外表看来非常谦敬，容貌虔诚、言语谨慎，但心神疏忽简慢，内心散漫疏放，接受任命也不知道操心忧惧，身居官位却不能知道治理。这大概是难以分辨士人好坏的第五个原因。

【原文】

“士有控弦命中，空拳入白，倒乘立骑，五兵[①]毕习；而体轻虑浅，手勦[②]心怯，虚试无对，而实用无验；望尘奔北，闻敌失魄。盖难分之六也。

【注释】

①五兵：本指五种兵器，所指不一，此处泛指兵器。②勦（chāo）：勇健。

【译文】

“有的士人一拉弓就能射中目标，赤手空拳就敢冲向白刃之阵，能够倒立乘车、站着骑马，精通各种兵器；但他们身体轻捷却思虑短浅，手脚勇健但内心怯懦，军事演习时没有对手，而实战应用时却不见效果，一看见尘土飞扬就后退奔逃，一听到敌人到来就吓得失魂落魄。这大概是难以分辨士人好坏的第六个原因。

【原文】

“士有梗概简缓，言希貌朴，细行阙漏，不为小勇，跼蹐[1]拘检，犯而不校，握爪垂翅，名为弱愿；然而胆劲心方，不畏强御，义正所在，视死犹归，支[2]解寸断，不易所守。盖难分之七也。

【注释】

①跼蹐（jú jí）：也作“局蹐”，局促不安。②支：通“肢”。

【译文】

“有的士人粗心大意、简慢迟缓，言语稀少、外貌朴实，行事小处常有缺漏，不在小事上表现勇敢，局促谨慎、自我约束，被冒犯了也不计较，就像猛兽收起爪牙、猛禽垂下翅膀，被大家认为软弱老实；然而他们实际上胆量很大、内心刚直，不畏豪强权贵，只要是正义之事，就视死如归，即使被肢解被寸断，也不改变自己的操守。这可能是难以分辨士人好坏的第七个原因。

【原文】

“士有孝友温淑，恂恂平雅，履信思顺，非礼不蹈，安困洁志，操清冰霜；而疏迟迂阔，不达事要，见机不作，所为无成，居已梁倡，受任不举。盖难分之八也。

【译文】

“有的士人孝顺父母、关爱兄弟、温润贤淑，温和恭敬、平和文雅，坚守信义而心怀忠顺，不合乎礼的事不做，安心于贫困生活并保持自己的高洁志向，道德情操比冰霜还纯洁；但他们粗疏迟钝、迂腐而不切实际，不明白事情的要领，看到机会也不知道行动，所做的事情没有一件成功的，使自己的处境进退维谷，接受任命也没能完成。这恐怕是难以分辨士人好坏的第八个原因。

【原文】

“士有行己高简，风格峻峭，啸傲偃蹇①，凌侪慢俗，不肃检括，不护小失，适情率意，旁若无人。朋党排谴，谈者同败，士友不附，品藻②所遗。而立朝正色，知无不为，忠于奉上，明以摄下。盖难分之九也。

【注释】

①偃蹇（yǎn jiǎn）：骄横、傲慢、盛气凌人的样子。②品藻：品评、鉴定人才。

【译文】

“有的士人立身行事高洁简约，作风严峻，逍遥自在而傲慢不逊，欺凌同辈而轻慢世俗，不严格约束自我，不在乎小的过失，按自己的心意率性行事，旁若无人。结党营私的人们排斥攻击他们，高谈阔论的人一起诋毁他们，士人朋友不去亲近他们，品评人才时也不考虑他们。然而他们在朝廷为官就会严肃认真，知道该做的事就会去做，忠诚地侍奉君主，严明地统摄部下。这也许是难以分辨士人好坏的第九个原因。

【原文】

“士有含弘旷济，虚己受物，藏疾匿瑕①，温恭廉洁，劳谦冲退，救危全信，寄命不疑，托孤可保；而纯良暗权，仁而不断，善不能赏，恶不忍罚，忠贞有余，而干用不足，操柯犹豫，废法效非，枉直混错，终于负败。盖难分之十也。

【注释】

①藏疾匿瑕：本指山隐蛇蝎、玉藏瑕疵，此处比喻人器量大，善于包容。

【译文】

“有的士人宽宏包容、广施救助，虚心接受各种意见，像山泽藏疾、美玉匿瑕一样善于包容各种不善之人，温和恭敬、清廉高洁，勤劳谦虚、冲和谦让，救助身处危难的人、保全自己的信用，寄以重任不用怀疑，委托遗孤幼君可有保证。然而他们纯粹善良而不懂得权变，心怀仁爱但缺乏果断，对善良的行为不能奖赏，对恶劣的行为又不忍惩罚，忠贞有余，而对才干的运用不足，执法犹豫不决，废弃刑罚并效法错误的做法，是非曲直混乱错谬，最终导致了失败。这可能是难以分辨士人好坏的第十个原因。

【原文】

“夫物有似而实非，若然而不然。料之无惑，望形得神，圣者其将病诸，况乎常人？故用才取士，推昵结友，不可以不精择，不可以不详试也。若乃性行之惑[①]变，始正而终邪，若王莽[②]初则美于伊[③]、霍[④]，晚则剧于赵高[⑤]，又非中才所能逆尽也。

【注释】

①惑：疑为“或”，或许。②王莽：西汉孝元皇后王政君之侄，为人谦恭俭让，礼贤下士，被时人看作是“周公再世”，最后却谋朝篡位，建立新朝，史称“王莽改制”。③伊：伊尹，商朝初年著名的丞相、政治家、思想家，辅助商汤灭夏建商，曾因商汤嫡长孙太甲破坏祖制而将其流放桐宫反省，自己摄政当国，三年后太甲悔过，伊尹于是迎回太甲。④霍：霍光，西汉权臣、政治家，历经汉武帝、汉昭帝、汉宣帝三朝，官至大司马大将军，曾主持废立昌邑王。⑤赵高：秦朝二世皇帝时的丞相、宦官，在秦始皇死后发动政变，伪造诏书逼秦始皇长子扶苏自杀，立秦始皇幼子胡亥为帝，是为秦二世，后又逼迫秦二世自杀，另立子婴为秦王，最终被子婴设计杀掉，诛夷三族。

【译文】

“有的事物看起来相似而其实根本不同，好像是那样而实际上却不是那样。辨别事物不受迷惑，见到外貌就知道内心，圣人对此也难以做到，何况普通人呢？因此任用人才、选拔士人，荐举亲近的人、结交朋友，不可以不去精心选择，不可以不去仔细考察。至于有人的性情操行会有所变化，开始正直而最终邪恶，就像王莽那样最初比伊尹、霍光还要贤德，后来却比赵高还要恶毒，又不是中等才能的人所能完全预料到的。

【原文】

“若令士之易别，如鷦鷯之与鸿鹄，狐兔之与龙麟者，则四凶[①]不得官于尧朝，管、蔡[②]不得几危宗周，仲尼无澹台[③]之失，延陵[④]无捐[⑤]金之恨，伊尹无七十之劳，项羽无嫌范之悔矣。所患于其如碔砆[⑥]之乱瑾瑜，鷦螟之[⑦]似凤皇，凝冰之类水精，烟熏之疑云气，故令不谬者尟[⑧]也。惟帝难之，矧乎[⑨]近人哉！

【注释】

①四凶：尧舜时四个凶恶的部落首领：浑敦、穷奇、梼杌、饕餮。②管、蔡：周公的兄弟管叔、蔡叔，因不满周公旦摄政，于是挟持武庚发动叛乱，史称三监之乱，后管叔被周公旦诛杀，蔡叔被流放。③澹（tán）台：孔子的弟子澹台灭明，字子羽，因貌丑而被孔子认为才干薄弱，后发现其才德兼备，于是有“以貌取人，失之子羽”的感叹。④延陵：春秋时吴国公子季札（zhá）。⑤捐：疑为“指”。季札在齐国游历时，在路上看见金子，就叫旁边放牧的人前来拾取。谁知放牧的人是一位贤人，一番高言斥责季札后离去，让季札大为悔恨，这就是“指金之恨”。⑥碔砆（wǔ fū）：似玉之石。也作“珷玞”“碱玞”。⑦鷦螟（jiāo míng）：即“焦明”，古代传说中一种形似凤凰的鸟。⑧尟（xiǎn）：通“鲜”，少有。⑨矧（shěn）：何况。

【译文】

“如果让士人的好坏容易辨别，就像鷦鹩和大雁、天鹅，狐狸、兔子和蛟龙、麒麟那样，那么四凶就不会在唐尧朝上做官，管叔、蔡叔就不会差点颠覆周王朝，孔子就不会错看了澹台灭明，延陵季子就不会有指着金子让贤士来拾取的遗憾，伊尹就不会有干谒商汤王七十次的劳苦，项羽就不会有怀疑抛弃范增的悔恨了。所值得担心的就在于像碔砆这种似玉的石头可混杂在美玉当中，鷦螟的外形与凤凰相似，凝结的冰块就像水晶，烟气容易被当作云雾，所以让人们不错看人才是很难的。就连圣明的帝舜都难以做到，更何况浅近之人呢！

【原文】

“夫惟大明，玄鉴幽微，灵铨揣物，思灼沉昧，瞻山识璞，临川知珠。士于难分之中，而无取舍之恨者，使臧否区分，抑扬咸允。武丁[①]、姬文[②]不独治，而傅说[③]、吕尚[④]不永弃，高[⑤]、莽[⑥]、宰嚭[⑦]不得成其恶，弘恭、石显[⑧]无所容其伪矣。其盖取士之较略，选择之大都耳。精微以求，存乎其人，固非毫翰之所备缕也。

【注释】

①武丁：商朝第二十三任君主。勤于政事，任用刑徒出身的傅说及甘盘、祖己等贤能之人，开创了“武丁盛世”。②姬文：周文王。勤于政事，广罗人才，任用了吕尚等许多外部落的人才以及从商纣王朝来投奔的贤士。③傅说（yuè）：商王武丁时的丞相，本为胥靡（囚犯），后被商王武丁重用，协助武丁开创了“武丁中兴”的辉煌盛世。④吕尚：姜子牙，是周文王倾商，武王克纣的首席谋主、最高军事统帅与西周的开国元勋，也是春秋时齐国开国君主。⑤高：赵高。⑥莽：王莽。⑦宰嚭（zǎi pǐ）：太宰嚭，本名伯嚭。本春秋时楚人，后逃至吴国，深受吴王夫差宠信，因收受越国的贿赂而力主赦免越王勾践，为最后吴国被灭埋下了祸根。⑧弘恭、石显：都是西汉元帝时的宦官，长期在内朝专政，排挤打击不依附自己的大臣。

【译文】

“只有最圣明的人，才能像明亮的镜子一样洞悉所有隐微之事，像特别灵敏的秤一样去权衡事物，他的智慧能看清昏暗的东西，看到高山就能识别其中的璞玉，看到大河就能知道其中的珍珠。当士人还处于难以鉴别的情况时，也不会有取舍不当的遗憾，就能让善恶得以区分，举荐、贬职都很公允。让商王武丁、周文王不独享善于治国的美名，而傅说、吕尚之类的贤才也不会长期被弃之不管，赵高、王莽、伯嚭那样的恶人也不能干成他们的坏事，弘恭、石显也没有地方容纳他们的奸伪。这大概就是选拔士人的要领、选拔人才的大致内容。至于精心挑选人才的具体细微的方法，就在于善于选拔人才的人身上，这就不是我的笔墨所能完全描述清楚的了。”

酒诫

【题解】

酒诫即有关饮酒的告诫。本篇重点阐述了作者反对饮酒尤其是反对酗酒的观点，分别从纵欲害人害己，酒对身体有百害而无一益，酗酒大可覆灭国家，小可败德伤身等方面阐明了自己的观点，生动地描绘了醉酒者的种种丑态。

【原文】

抱朴子曰："目之所好，不可从也；耳之所乐，不可顺也；鼻之所喜，不可任也；口之所嗜，不可随也；心之所欲，不可恣也。故惑目者，必逸容鲜藻也；惑耳者，必妍音淫声也；惑鼻者，必茝蕙芬馥也；惑口者，必珍羞①嘉旨也；惑心者，必势利功名也。五者毕惑，则或承之祸为身患者，不亦信哉！

【注释】

①羞：通"馐"，美味的食物。

【译文】

抱朴子说："眼睛喜欢看到的，不可以顺从它；耳朵乐意听到的，不可以顺应它；鼻子喜爱闻到的，不可以任由它；嘴巴嗜好吃的，不可以听凭它；内心想要的，不可以放纵它。因为那些迷惑眼睛的，必然有着超众的美丽容貌、鲜艳的花纹装饰；那些迷惑耳朵的，必然是动听的靡靡之音；那些迷惑鼻子的，必然是茝、蕙那样的芬芳香气；那些迷惑嘴巴的，必然是珍贵的美味佳肴；那些迷惑人心的，必然是权势、利益、功勋、名誉。如果在以上五个方面都被迷惑了，那么也许很快就会灾祸到来殃及自身了，这种事情不是真正存在的吗？

【原文】

"是以智者严㮚括①于性理，不肆神以逐物，检之以恬愉，增之以长算。其抑情也，剧乎堤防之备决；其御性也，过乎腐辔之乘奔[②]。故能内保永年、外免衅累也。盖饥寒难堪者也，而清节者不纳不义之谷帛焉；困贱难居者也，而高尚者不处危乱之荣贵焉。盖计得则能忍之心全矣，道胜则害性之事弃矣。

【注释】

①檃括（yǐn kuò）：一种矫正曲木的工具。②辔（pèi）：驾驭牲口的嚼子和缰绳。

【译文】

“因此聪明的人会严格地矫正自己的情绪和理智，不放纵自己的心神去追逐外物，用恬静愉悦的心绪来约束自己的思想，用长远的打算来提升自己的品德。他们对自己情绪的抑制，超过了防备堤坝决口；他们对自己心性的驾驭，超过了用腐朽的缰绳骑乘奔驰的骏马。所以他们能够内保长寿、外免祸患。饥饿寒冷是难以忍受的，但清高节操的人不会接受来路不正的粮食、布帛；贫困低贱的生活是难以忍耐的，但境界高尚的人不会接受危乱之时的荣华富贵。因为人生谋划得当才能保全自己那颗忍饥耐寒的心，遵循正道战胜欲望才能抛弃那些会损害心性的事情。

【原文】

“夫酒醴[①]之近味，生病之毒物，无毫分之细益，有丘山之巨损。君子以之败德，小人以之速罪，耽之惑之，鲜不及祸。世之士人，亦知其然，既莫能绝，又不肯节，纵心口之近欲，轻召灾之根源，似热渴之恣冷，虽适己而身危也。小大乱丧，亦罔非酒。

【注释】

①醴（lǐ）：本指甜酒，此处泛指酒。

【译文】

“酒这种能马上给人们带来享受的美味，却是让人产生疾病的有毒之物，没有一分一毫的益处，却有山丘一样巨大的损害。君子因为它而败坏了德行，小人因为它而招致犯罪，沉溺于它且被它迷惑的人，很少有不招致祸患的。世上的士人们，也知道这一点，但没有人能够断绝它，又不肯节制饮酒，他们放纵自己的内心和口腹去满足眼前的这种欲望，轻视这一导致灾祸的根源，就像在又热又渴的时候放任地痛饮凉爽的饮料一样，虽然让自己感到舒服却让身体受到危害。大大小小的祸乱丧亡，也无一不是因为酒导致的。

【原文】

“然而俗人是酣是湎[①]，其初筵也，抑抑济济，言希容整，咏《湛露》之‘厌厌’，歌‘在镐’之‘恺乐’，举‘万寿’之觞，诵‘温克’之义。日未移晷，体轻耳热。夫琉璃、海螺之器并用，满酌罚余之令遂急。醉而不止，拔辖投井。

【注释】

①是酣是湎：快乐地沉溺于酒的畅饮。是，代指酒。酣，喝得畅快。湎，沉溺。

【译文】

“然而世俗的人们却沉溺于畅快饮酒的快乐之中。在宴席刚开始的时候，他们态度审慎谦恭而庄重，言语稀少而容貌整洁，吟咏《湛露》中‘夜饮很安静’的诗句，唱起‘周王住在镐京，快乐地饮着美酒’的诗句，举起祝福对方‘万寿无疆’的酒杯，背诵着‘饮酒醉了也能温雅自持’的诗歌。太阳的影子尚未移动，他们就感觉身子发轻、耳朵发热。于是琉璃、海螺的酒器一起使用，斟满酒杯、惩罚喝酒未干的酒令急促地响起。客人喝醉了也不愿离开，主人为了留客而拔掉车辖投入井中。

【原文】

“于是口涌鼻溢，濡首及乱。屡儛[①]蹮蹮[②]，舍其坐迁；载号载呶[③]，如沸如羹。或争辞尚胜，或哑哑独笑，或无对而谈，或呕吐几筵，或傎[④]蹶良倡[⑤]，或冠脱带解。

【注释】

①儛（wǔ）：通“舞”。②蹮蹮（xiān xiān）：舞步轻扬的样子。蹮，通“跹”。③呶（náo）：喧闹。④傎（diān）：颠倒。⑤良倡：也称“梁倡”，指进退失据的样子。

【译文】

“于是喝得酒混杂着呕吐物从他们口中涌出，从鼻孔中溢出，沾湿了他们的头发弄得混乱不堪。他们不停地手舞足蹈，离开自己的座位到处乱跑，又是号叫又是喧闹，就像煮沸的开水和粥羹一样闹个不停。有的人唇枪舌剑想要力压他人，有的人自顾自地发出‘哑哑’的傻笑，有的人没有听众也一个人侃侃而谈，有的人呕吐得几案坐席到处都是，有的人跌倒在地进退失据，有的人发冠脱落、衣带解开。

【原文】

“贞良者流华督[①]之顾眄，怯懦者效庆忌[②]之蕃捷，迟重者蓬转而波扰，整肃者鹿踊而鱼跃。口讷于寒暑者，皆摇掌[③]而谱声，谦卑而不竞者，悉裨瞻以高交。廉耻之仪毁，而荒错之疾发；阘茸之性露，而傲佷[④]之态出。

【注释】

①华督：名督，字华父。是春秋时期宋国大臣，官至太宰（宰相），曾在路上遇见孔父的妻子，目逆而送，称赞其“美而艳”。②庆忌：春秋时代吴王僚之子，以勇武著称。③摇掌：应为“抚掌”，拍着巴掌。④傲佷（hěn）：傲慢乖戾。

【译文】

“忠贞善良的人堕落到像华督一样色眯眯地到处乱看，怯懦的人学着像庆忌那样强壮敏捷；迟缓稳重的人变得像随风飘扬的蓬草一样飞旋辗转、像波浪一样骚动不安，恭整严肃的人变得像鹿一样蹦蹦跳跳、像鱼一样上下跳跃。连寒暄话都不会讲的人，都拍着巴掌唱着歌；谦卑而与人无争的人，全都鼓起勇气和地位高的人交朋友。廉洁知耻的礼仪全被毁坏了，而荒唐错乱的毛病都出现了；庸碌卑劣的本性显露无遗，傲慢乖戾的丑态也凸显出来。

【原文】

“精浊神乱，臧否颠倒。或奔车走马，赴阬谷[①]而不惮，以九折之阪[②]为蚁封；或登危蹋颓，虽堕坠而不觉，以吕梁之渊为牛迹也。或肆忿于器物，或酗蓄[③]于妻子；加枉酷于臣仆，用剡锋[4]乎六畜，炽火烈于室庐，掊[5]宝玩于渊流，迁威怒于路人，加暴害于士友。亵严主以夷戮者，有矣；犯凶人而受困者，有矣。

【注释】

①阬（kēng）谷：山谷。阬，通“坑”。②九折之阪：九折阪，在今四川邛崃山。③酗醟（yòng）：酒醉狂乱，耍酒疯。④剡（yǎn）锋：锐利的刀刃。⑤掊（pǒu）：砸碎。

【译文】

“于是他们的精神开始浑浊，神智变得错乱，是非善恶也开始被颠倒。有的人乘着飞车骑着快马，奔向深坑山谷而不觉得恐惧，因为他把险峻的九折阪当作了蚂蚁洞口的小土堆；有的人登上危险的即将坍塌的高处，即使坠落下去也毫无觉察，因为他把吕梁的深渊当作了牛蹄踏出的脚印。有的人对器物发泄自己的愤懑，有的人对妻子儿女大发酒疯；有的人对无辜的奴仆施以酷刑，有的人用锐利的刀刃去伤害牲畜；有的人点起烈火烧掉房屋，有的人砸碎宝贝玩物并抛入深渊深潭之中；有的人将巨大的怒气转移到过路人身上，有的人用暴力伤害自己的士人朋友。因为醉酒亵渎庄严的君主而被杀戮的人，是有的；因为醉酒冒犯凶恶的人而使自己受困的人，是有的。

【原文】

“言虽尚辞，烦而叛理；拜伏徒多，劳而非敬。臣子失礼于君亲之前，幼贱悖慢于耆宿[1]之坐。谓清谈为诋詈[2]，以忠告为侵己。于是白刃抽而忘思难之虑，棒杖奋而罔顾乎前后。搆漉血[3]之雠[4]，招大辟之祸。

【注释】

①耆宿（qí sù）：年高有德望的老人。耆，老人。②诋詈（dǐ lì）：诋毁詈骂。詈，骂。③漉（lù）血：流血。④雠（chóu）：通“仇”，仇敌，仇人。

【译文】

“他们的言谈虽然注重遣词造句，但太过啰唆就会背离正理；跪拜的礼节虽然很多，但是却白白浪费力气而毫无敬意。臣下、儿子在君主、父母面前有失礼节，年幼微贱的人就会在德高望重的老人面前悖礼轻慢。就会把清雅的谈话当作诋毁辱骂自己的言论，把忠诚的劝告当作是对自己的侵害。于是拔出刀剑而忘记去思考这样会造成的灾难；举起棍棒而不顾前因后果。于是就结下流血之仇，招来杀身之祸。

【原文】

“以少凌长，则乡党加重责矣；辱人父兄，则子弟将推刃矣；发人所讳，则壮士不能堪矣；计数深克，则醒者不能恕矣。起众患于须臾，结百痾[1]于膏肓[2]。奔驷不能追既往之悔，思改而无自反之蹊。盖智者所深防，而愚人所不免也。其为祸败，不可胜载。

【注释】

①痾（kē）：通“疴”，疾病。②膏肓（huāng）：代指体内深处。膏，古代医学指心尖脂肪。肓，古代医学指心脏和膈膜之间。

【译文】

“如果年轻的人凌辱年长的人，那么乡里就会对其进行严厉的责罚；如果侮辱别人的父亲、兄长，那么儿子和弟弟就举刀报复；如果揭露别人避讳的事情，即使心胸宽广的壮士也无法容忍；如果过分苛刻地算计别人，即使头脑清醒的人也不能宽恕。片刻之间就会引起众多的祸患，结下重病般难以化解的仇怨。即使飞奔的骏马也不能追回已经做出的后悔之事，想改变也没有可以返回的道路。这是聪明人严密防范自己醉酒的原因，而愚蠢的人却无法避免醉酒的事情。酒所造成的灾祸、失败，多得记述不完。

【原文】

“然而欢集，莫之或释；举白盈耳，不论于能否。计沥霤[1]于小余，以稽迟为轻己；倾匡注于所敬，殷勤变而成薄。劝之不持，督之不尽，怨色丑音所由而发也。

【注释】

①沥霤（liù）：本指下雨天从屋檐往下滴的水，此处指酒杯中没有喝干净的点滴残酒。

【译文】

"然而对于欢聚宴饮之事，没有人愿意丢弃它；于是干杯的声音不绝于耳，不论对方能不能喝。计较对方残留在酒杯中的几滴酒，认为对方没有马上举起酒杯是对自己的轻视；把所有的酒都斟给自己尊敬的人，过分的热情反倒变得有些轻薄。如果劝酒时对方不肯持酒满杯，督促对方而对方也不肯喝干杯中的酒，于是怨恨的表情和难听的话语就由此而出现了。

【原文】

"夫风经府藏，使人惚怳[①]，及其剧者，自伤自虞。或遇斯疾，莫不忧惧，吞苦忍痛，欲其速愈。至于醉之病性，何异于兹！而独居密以逃风，不能割情以节酒。若畏酒如畏风，憎醉如憎病，则荒沉之咎塞，而流连之失止矣。夫风之为疾，犹展攻治，酒之为变，在乎呼噏[②]。及其闷乱，若存若亡，视泰山如弹丸，见沧海如盘盂，仰讙[③]天堕，俯呼地陷，卧待虎狼，投井赴火，而不谓恶也。夫用身之如此，亦安能惜敬恭之礼、护喜怒之失哉！

【注释】

①惚怳（hū huǎng）：惚恍，迷迷糊糊。②呼噏（xī）：呼气和吸气。噏，通"吸"。③讙（huān）：喧哗。

【译文】

"如果风侵入了五脏六腑，就会使人精神恍惚，等到病情加重，人们就会伤悲忧愁。遇上这种病的人，没有不担忧恐惧的，吞吃苦药、忍受疼痛，希望让它快速痊愈。至于醉酒对身体的伤害，和这个有什么不同呢！然而人们可以为了防止受风而住在严密的房子里，却不能割舍欲望以节制饮酒。如果人们像畏惧风那样畏惧酒，像憎恶疾病那样憎恶醉酒，那么荒唐沉迷的错误就会被阻止，让人痛哭流涕的过失就会被制止。对于风造成的疾病，尚且要施行医治，更何况酒所造成的变故，往往在于一呼一吸的瞬间。等到醉酒者心绪烦闷精神错乱，处于半死不活的状态时，他们就会看泰山像看弹丸，看大海像看盘碗，抬起头呼唤苍天倾塌，俯身喊叫大地塌陷，躺在地上等待虎狼到来，投身入井、冲向烈火，而不觉得是什么凶险的事情。他们对待自己的身体尚且如此，又怎能注重对别人恭敬的礼节、防止喜怒不当所造成的过失呢！

【原文】

“昔仪狄既疏，大禹以兴；糟丘酒池，辛、癸以亡；丰侯得罪，以戴尊衔杯；景升荒坏，以三雅之爵；刘松烂肠，以逃暑之饮；郭珍发狂，以无日不醉。信陵之凶短，襄子之乱政，赵武之失众，子反之诛戮，汉惠之伐命，灌夫之灭族，陈遵之遇害，季布之疏斥，子建之免退，徐邈之禁言，皆是物也。世人好之乐之者甚多，而戒之畏之者至少。彼众我寡，良箴安施？且愿君子节之而已。

【译文】

“古时候善于酿酒的仪狄被疏远，大禹因此得以兴起；酒糟堆积成山、美酒聚集成池，商纣、夏桀因此而灭亡；丰侯获罪，是因为他头顶酒樽口衔酒杯；刘表荒唐败坏，是因为他制作了被称作伯雅、仲雅、季雅的酒爵；刘松喝酒烂了肠子，是因为他为了消除酷暑而大肆豪饮；郭珍发疯，是因为他没有一天不喝得烂醉如泥。信陵君之所以短命，赵襄子之所以乱政，赵武之所以失去民心，楚国子反之所以被诛杀，汉惠帝之所以被戕害致死，灌夫之所以被灭族，陈遵之所以被贼人杀害，季布之所以被疏远斥退，曹植之所以没有被立为太子，徐邈之所以不敢言‘酒’字，全都是酒这个东西导致的。世上喜欢酒并乐此不疲的人有很多，而戒酒、畏惧酒的人却很少。爱酒的人多而赞同戒酒的人少，我的良好规劝又怎能施行呢？姑且期望君子们对饮酒能有所节制而已。

【原文】

“曩者既年荒谷贵，人有醉者相杀，牧伯因此辄有酒禁，严令重申，官司搜索，收执榜徇者相辱，制鞭而死者太半。防之弥峻，犯者至多。至乃穴地而酿，油囊怀酒。民之好此，可谓笃矣。余以匹夫之贱，托此空言之书，未如之何矣。

【译文】

“过去到了粮食歉收粮价昂贵的时候，有人因为喝醉酒而相互残杀，地方长官因此而颁布禁酒令，严格命令且反复告诫，官府派人到处搜查，对违反禁酒令的人施行逮捕、杖责、游街的羞辱，被鞭打至死的人有一大半。然而防范越严酷，违反禁酒令的人依然很多。甚至有人挖地道来酿酒，用装油的油囊去装酒藏在怀中。人们对酒的喜爱，可以说达到很严重的程度了。我以一个低贱的平民身份，只好把自己的看法写在这说空话的书里，对现实中的好酒现象却无可奈何。

【原文】

“又临民者虽设其法，而不能自断斯物，缓己急人，虽令不从；弗躬弗亲，庶民弗信。以此而教，教安得行！以此而禁，禁安得止哉！沽卖之家，废业则困，遂修饰赂遗[①]，依凭权右，所属吏不敢问。无力者独止，而有势者擅市。张垆[②]专利，乃更倍售，从其酤买，公行靡惮，法轻利重，安能免乎哉？”

【注释】

①赂遗（lù wèi）：用财物赠送或买通他人。②垆（lú）：本指古代酒店中安放酒瓮的土台子，后代指酒店。

【译文】

“再有，那些治理百姓的官员虽然颁布了禁酒的法令，但是自己却不能断绝酒这个东西，如此宽以待己、严以律人的做法，即使下令别人也不会听从；不亲自做出表率，老百姓是不会相信他们的。用这种方法来教化百姓，教化怎么能推行呢！用这种方法来禁酒，禁酒令怎么可能发挥作用阻止人们饮酒呢！卖酒的家庭，停掉办酒这个业务就会生活困难，于是就用财物去贿赂权贵，依靠权贵，属下的官员就不敢过问了。只有那些无权无势的人停止了卖酒，而有权力的人垄断了整个市场。他们开设酒店垄断卖酒的厚利，于是就以加倍的价格出售，任凭人们前来买酒，公开卖酒也无所顾忌，惩罚太轻而利润太大，怎能可能免除酒的买卖呢？”

【原文】

或人难曰："夫夏桀、殷纣之亡，信陵、汉惠之残，声色之过，岂唯酒乎！以其生患于古，而断之于今，所谓以褒姒[①]丧周，而欲人君废六宫，以阿房之危秦，而使王者结草庵也。盖闻昊天表酒旗[②]之宿，坤灵挺空桑之化，燎祡[③]员丘[④]，瘗薶[⑤]圻泽[⑥]，裸鬯[⑦]仪彝，实降神祇[⑧]，酒为礼也。

【注释】

①褒姒（sì）：周幽王的第二任王后，周幽王为了她"烽火戏诸侯"，最终使得自己被犬戎军杀害，褒姒也被掳走。②酒旗：星宿名。③燎祡（chái）：烧柴以祭天神。④员丘：圆丘，古代祭天用的圆形高坛。⑤瘗薶（yì mái）：古代把牲、帛埋入地下以祭祀大地的一种祭祀。⑥圻（qí）泽：疑为"折泽"，也称"泰折"，是古代祭祀大地的地方，多在北郊。⑦裸鬯（guàn chàng）：古代帝王斟上黍和郁金香草酿造的香酒浇地以祭祀神灵的一种祭祀仪式。⑧神祇（qí）：天神与地神。

【译文】

有人反驳我说："夏桀、商纣之所以亡国，信陵君、汉惠帝之所以早逝，是沉溺声色的过错，怎么能仅仅归咎到酒上呢！用酒在古代产生的祸患，来判断今天的事，就是所谓的因为褒姒导致西周灭亡，而想要让君主废掉六宫后妃；因为秦始皇建造的阿房宫引发了秦朝的危机，就让帝王去造草房。大概听说苍天还出现了酒旗这一星宿，大地也显示出空心桑树酿酒的造化之功，人们在圆丘烧柴以祭上天，在泰折中埋藏祭品来祭祀大地时，都要举行斟以香酒灌地的祭祀仪式，以此降下了天神、地神，酒就是一种礼制啊。

【原文】

"千钟[①]、百觚[②]，尧、舜之饮也；唯酒无量，仲尼之能也。姬旦酒肴不彻，故能制礼作乐；汉高婆娑巨醉，故能斩蛇鞠旅；于公[③]引满一斛，而断狱益明；管辂[④]倾仰三斗，而清辩绮粲；扬云[⑤]酒不离口，而《太玄》乃就；子囿[⑥]醉无所识，而霸功以举；一瓶之醪[⑦]倾，而三军之众悦；解毒之觞行，而盗马之属感[⑧]。消忧成礼，策勋饮至，降神合人，非此莫以也。内速诸父，外将嘉宾，'如淮''如渑[9]'，《春秋》所贵，由斯言之，安可识[10]乎？"

【注释】

①钟：古代的一种量器，十斗为一石，六石四斗为一钟。②觚（gū）：古代的一种酒器，也用作礼器。③于公：于定国，字曼倩，西汉汉宣帝时的丞相，为人谦恭，善断案，时称"于定国为廷尉，民自以无冤"。④管辂（lù）：字公明，三国时期曹魏术士，相貌丑陋但嗜好饮酒。⑤扬云：扬雄。字子云，西汉最著名的辞赋家，嗜酒，曾模拟《周易》作《太玄》，还著有《酒箴》。⑥子圉（yǔ）：本为春秋时的晋怀公，历史上的晋怀公没有建立霸业，醉酒且建立霸业的应为晋文公重耳，因此此处应指晋文公。⑦醪（láo）：本指带有渣滓的酒，又称浊酒，此处泛指酒。⑧解毒之觞行，而盗马之属感：秦缪（mù）公乘马车出行时车坏了，马车右边的那匹马跑了，秦穆公去找马，却发现一群野人正在分吃马肉，他觉得有肉无酒伤身，就回去拿酒给他们喝，后来秦缪公在韩原之战中被晋人围攻，那群曾分吃马肉的人前来相助，最后晋国大胜。⑨渑（shéng）：渑水，源头在今山东临淄，西北流入时水，今已淤塞。⑩识：应为"诫"，戒除。

【译文】

"喝尽千钟百觚，是尧、舜的酒量；只在饮酒上没有限量，是孔子的能耐。周公美酒佳肴不断，所以能够制定礼乐制度；汉高祖刘邦酩酊大醉，所以能够斩杀大蛇誓师起事；于定国满饮一斛酒，而断案断得更清楚；管辂仰头喝下三斗酒，论辩更加清晰、言辞更华丽灿烂；扬雄酒不离口，《太玄》才能写成；晋文公重耳醉得不省人事，霸业却因此而成；一坛酒倒到江中，三军将士都很高兴；解毒的酒赐给盗马的人，盗马的人就会受到感动。消解忧愁完成礼仪，册封功勋会饮宗庙，祈降神灵团结众人，除了饮酒以外没有办法了。在家族内部招待族人，在家族之外迎送宾客，'美酒多如淮水''美酒多如渑水'，这是《春秋》对酒的称赞，由此说来，怎么能够戒除饮酒呢？"

【原文】

抱朴子答曰："酒旗之宿，则有之矣。譬犹悬象著明，莫大乎日月；水火之原，于是在焉。然节而宣之，则以养生立功；用之失适，则焚溺而死。岂可恃悬象之在天，而谓水火不杀人哉？宜生之具，莫先于食；食之过多，实结症瘕[1]。况于酒醴之毒物乎！

【注释】

①症瘕（jiǎ）：腹部肿胀的症状。中医认为，坚硬不移动，痛有定处为"症"；聚散无常，痛无定处为"瘕"。

【译文】

抱朴子回答说："酒旗这颗星宿，确实是有的。就像悬挂在天空的星象中最明亮的，莫过于太阳、月亮；水、火的本原，就在太阳、月亮那里。但要有节制地发挥水、火的作用，就能够颐养身心建立功业；用得不适当，就会被烧死、被淹死。怎么能够依仗天空悬挂着水、火本原的星象，就说水火不会杀人呢？适宜人类生存的东西，没有比食物更重要的了；但吃得太多，肚子就会肿胀。更何况是酒这样带有毒性的东西呢！

【原文】

"夫使彼夏桀、殷纣、信陵、汉惠荒流于亡国之淫声、沉溺于倾城之乱色，皆由乎酒熏其性，醉成其势，所以致极情之失，忘修饰之术者也。我论其本，子识其末，谓非酒祸，祸其安出？是独知猛雨之霑[1]衣，而不知云气之所作；唯患飞埃之糁[2]目，而不觉飙风之所为也。

【注释】

①霑（zhān）：通"沾"，浸润，浸湿。②糁（sǎn）：沙尘迷住眼睛。

【译文】

"使得夏桀、商纣、信陵君、汉惠帝荒唐地流连于灭亡国家的靡靡之音，沉溺在倾倒全城人的妖冶美色中，全都是由于美酒熏迷了他们的心性，醉酒导致了那种情形，所以造成了极力放纵情欲的过错，忘记了修身养性的方法。我谈论的是事情的根本原因，您了解的只是事情的现象，你说这些不是酒导致的祸患，那么祸患是从哪儿来的呢？这就像是只知道暴雨淋湿了衣服，而不知道暴雨是云气造成的；就像是只知道厌恶飞尘迷了眼，却不知道飞尘是大风吹起来的。

【原文】

“千钟、百觚，不经之言，不然之事，明者不信矣。夫圣人之异自才智，至于形骸非能兼人，有七尺[①]三丈之长、万倍之大也。一日之饮，安能至是？仲尼则畏性之变，不敢及乱。周公则终日百拜，肴干酒澄。上圣战战，犹且若斯，况乎庸人，能无悔乎？

【注释】

①七尺：“七尺”应为写者旁注，后误入正文。

【译文】

“尧、舜能饮千钟、百斛美酒，是荒诞无稽之谈，是不合情理的事，明智的人是不会相信的。圣人与众不同在于他的才能智慧，至于他的身躯并不比别人大，不会有三丈那么高、万倍于常人那么大。一天所饮的酒，怎么可能有那么多呢？孔子害怕自己的性情会被酒改变，所以不敢饮酒太多到扰乱心性的地步；周公一天要行上百次的礼，菜肴都放干了、酒都澄清了，也没有时间去享用。大圣人战战兢兢小心戒惧，尚且如此，何况平庸之人，能够不后悔吗？

【原文】

“汉高应天，承运革命，向虽不醉，犹当斩蛇。于公聪达，明于听断，小大以情，不失枉直，是以刑不滥加，世无怨民。但其健饮，不即废事。若论大醉，亦俱无知。决疑之才，何赖于酒？未闻皋繇[①]、甫侯[②]、子产[③]、释之[④]，醉乃折狱也。

【注释】

①皋繇（gāo yáo）：也称“皋陶”，传说中尧帝时掌管刑法的“理官”，以正直闻名天下，被奉为中国司法鼻祖，与尧、舜、禹一起被后人奉为“上古四圣”。②甫侯：周穆王的大臣，建议周穆王加强刑法，作五刑三千条。③子产：公孙，名侨，字子产，春秋时期郑国大臣，铸刑书，修订并公布了成文法。④释之：张释之，西汉法学家、法官。

【译文】

“汉高祖顺应天命，承受天命实施变革以遂天意，当时即使没有喝醉，也会斩杀大蛇。于定国聪颖通达，清楚明白地听取讼辩、做出判断，案子无论大小都依情处理，不会放过坏人、冤枉好人，因此刑罚不会胡乱地加诸于人，世上也就没有心怀怨恨的百姓。但他的酒量很大，却没有因酒误事。如果说喝得大醉，也就没有知觉了。那他解决疑案的才能，怎么会依赖酒呢？没听说皋陶、甫侯、子产、张释之这些人，是醉酒后去断案的。

【原文】

“管辂年少，希当剧谈，故假酒势以助胆气。若过其量，亦必迷错。及其刺毫厘于爻卦，索鬼神之变化，占气色以决盛衰，聆鸟鸣以知方来，候风云而克吉凶，观碑柏而识祸福，岂复须酒，然后审之？

【译文】

“管辂年纪轻，很少参与过激烈的辩论，所以借助酒的力量来助长胆气。如果他喝得过多，也必定会迷糊错乱。等到他从爻卦之中探究命运的细微差别，探索鬼神的变化，占卜一个人的气色来预断其盛衰，聆听鸟的鸣叫以知道未来的事情，观察风云的变幻来判断吉凶，查看墓碑、柏树来预知祸福，哪里还需要先喝酒，然后才能详审这些事呢？

【原文】

“扬云通人，才高思远，英赡之富，禀之自天，岂藉外物，以助著述？及其数饮，由于偶好；亦或有疾，以宜药势耳。子圉肆志，盖已素定。虽复不醉，亦于终果。瓶醪悦众，寓言之喻，诚能赏罚允当，威恩得所，长算纵横，应机无方，则士思果毅，人乐奋命。其不然也，虽流酒渊，何补胜负？缪公饮盗，造次之权，舍法长恶，何足多称哉！岂如慎之邪？”

【译文】

“扬雄是个学识渊博通达的人，才能出众、思虑深远，富有超人的才华，其禀赋来自于上天，怎么能借助外物，来帮助写书著述呢？至于他经常饮酒，是因为偶然的爱好；也可能是因为他患有疾病，要借助酒的力量来发挥药力罢了。晋文公重耳能实现自己的志向，应该说早已命中注定，即使他不喝醉酒，最终也是这个结果。用一瓶酒来取悦众人，不过是托辞寓意的说法，如果确实能做到赏罚得当，恩威并施，长远考虑、灵活变通，处理事务不拘一格，那么将士就愿意果敢坚毅为国效力，人们就乐于奋命拼搏。如果不是这样，即使倒掉的酒积聚成深渊，对胜负又有什么用呢？秦穆公馈赠美酒给盗马贼，是仓促之间的权宜之策，抛弃了法规而主张了罪恶，哪里值得称道呢！难道比得上慎重对待这件事吗？”

自叙

【题解】

自叙即叙述自己的平生。本篇主要讲述了作者自己的家世、生平与胸怀、著述及写作《自叙》的目的，是了解葛洪生平、性格、事业和著述的重要史料，有助于人们理解本书其他篇的内容，也有助于人们了解葛洪所处整个社会的状况。

【原文】

抱朴子者，姓葛，名洪，字雅川，丹阳句容[①]人也。其先葛天氏[②]，盖古之有天下者也。后降为列国，因以为姓焉。

【注释】

①丹阳句容：今江苏句容，古属丹阳郡。②葛天氏：传说中在伏羲之前的远古帝王。

【译文】

抱朴子，姓葛，名洪，字雅川，是丹阳郡句容县人。他的祖先葛天氏，是远古时拥有天下的帝王。后来被降为诸侯国，因此以葛为姓。

【原文】

洪曩祖为荆州刺史。王莽之篡，君耻事国贼，弃官而归，与东郡太守翟义共起兵，将以诛莽，为莽所败，遇赦免祸，遂称疾自绝于世。莽以君宗强，虑终有变，乃徙君于琅邪[①]。

【注释】

①琅邪（láng yá）：山东东南部的古地名，在今山东诸城一带。

【译文】

葛洪的远祖曾做过荆州刺史。王莽篡位的时候，他耻于侍奉王莽这个窃国贼，就辞官回到故乡，和东郡太守翟义共同起兵，准备讨伐王莽，却被王莽打败，遇到大赦而免除了被杀的灾祸，于是就称病断绝了和俗世的一切往来。王莽因为葛君的宗族强盛，担心他终究会出现变故，于是让他把家族迁到了琅邪郡。

【原文】

君之子浦庐，起兵以佐光武，有大功。光武践祚①，以庐为车骑，又迁骠骑大将军，封下邳僮县②侯，食邑五千户。

【注释】

①践祚（jiàn zuò）：即位，登基。②下邳（pī）僮县：下邳、僮县都是地名。下邳，在今江苏宿迁。僮县，在今安徽泗县。

【译文】

他的儿子葛浦庐，起兵辅佐东汉光武帝刘秀，立下大功。光武帝即位，拜葛浦庐为车骑将军，后又升为骠骑大将军，封为下邳僮县侯，食邑有五千户。

【原文】

开国初，侯之弟文，随侯征讨，屡有大捷。侯比上书为文讼功，而官以文私从兄行，无军名，遂不为论。侯曰："弟与我同冒矢石，疮痍周身，伤失右眼，不得尺寸之报。吾乃重金①累紫②，何心以安！"乃自表乞转封于弟。书至上请报，汉朝欲成君高义，故特听焉。

【注释】

①金：金印。②紫：紫色的系着金印的丝带。

【译文】

开国之初，僮县侯的弟弟葛文，随同僮县侯出兵征讨，多次打了大胜仗。僮县侯连续上书为葛文申请功赏，而朝廷却认为葛文是私自随同兄长打仗，没有正式的军籍，于是不予论功行赏。僮县侯说："弟弟和我一起冒着飞箭、滚石征战，满身都是创伤，由于受伤而失掉了右眼，却得不到半点回报。但我却获得了官高爵显，怎么能够心安呢？"于是僮县侯亲自上表给光武帝，乞求光武帝把自己的爵位转封给弟弟葛文。僮县侯的上表书被送到光武帝那儿，请求光武帝答复，汉朝廷愿意成全他的高尚行为，因此作为特例批准了他的奏请。

【原文】

文辞，不获已受爵，即第，为骠骑营立宅舍于博望里。于今基兆石础存焉。又分割租秩，以供奉吏士，给如二君焉。骠骑殷勤止之而不从。骠骑曰："此更烦役国人，何以为让？"乃托他行，遂南渡江，而家于句容。子弟躬耕，以典籍自娱。文累使奉迎骠骑，骠骑终不还。又令人守护博望宅舍，以冀骠骑之反[①]，至于累世无居之者。

【注释】

①反：通"返"，返回。

【译文】

葛文辞让，但没有被准许，只得接受了爵位，住进了僮县侯的宅邸，为骠骑大将军葛浦庐在博望里另建宅邸。直到现在那宅邸的地基界域和础石还保存在那里。葛文又把自己所得的赋税和俸禄分出一部分，拿来供养骠骑大将军的官吏士卒，就好像供奉了两个封地主人似的。骠骑大将军恳切地劝阻葛文，但葛文不听从。骠骑大将军说："这样做会加倍烦扰、劳累了采邑的百姓，哪里还有谦让之德呢？"于是骠骑大将军找了个别的借口出走，于是就向南渡过长江，定居在了句容。子弟们亲自耕种，骠骑大将军以阅读典籍自娱自乐。葛文多次派人去接骠骑大将军，骠骑大将军始终不肯回去。葛文又命人守护博望里的宅邸，期望骠骑大将军能够返回，以至于好几代都没有人居住。

【原文】

洪祖父学无不涉，究测精微，文藝[①]之高，一时莫伦，有经国之才。仕吴，历宰海盐、临安、山阴三县，入为吏部侍郎、御史中丞、庐陵太守、吏部尚书、太子少傅、中书、大鸿胪、侍中、光禄勋、辅吴将军，封吴寿县侯。

【注释】

①藝（yì）：古同"艺"。

【译文】

葛洪的祖父在学问上无不涉猎，推究观测精深细微，撰述和写作方面的学问之高，一时间无人能比得上，而且有治理国家的才能。他在吴国做官时，接连主持海盐、临安、山阴三县的政务，后来入朝担任吏部侍郎、御史中丞、庐陵太守、吏部尚书、太子少傅、中书、大鸿胪、侍中、光禄勋、辅吴将军，被封为吴寿县侯。

【原文】

洪父以孝友闻，行为士表。方册所载，罔不穷览。仕吴五官郎、中正，建城、南昌二县令，中书郎、廷尉平、中护军，拜会稽[①]太守。未辞，而晋军顺流，西境不守。博简秉文经武之才，朝野之论，佥[②]然推君。于是转为五郡赴警。大都督给亲兵五千，总统征军，戍遏[③]疆埸[④]。天之所坏，人不能支。

【注释】

①会（kuài）稽：地名，在今江苏东南及浙江西部一带。②佥（qiān）：全，都。③戍（shù）遏：应为“式遏”，以此来遏制。④埸（yì）：边境，边界。

【译文】

葛洪的父亲以孝顺父母、友爱兄弟闻名，他的行为成为士人的表率。典籍所记载的东西，他无不阅览。他在吴国曾担任五官郎、中正，担任过建城和南昌两县的县令，还担任过中书郎、廷尉平、中护军，被拜为会稽太守。他还没辞官，晋军就顺着长江东下，西边边境面临失守。于是朝廷就广泛地选拔有文韬武略的人才，朝廷内外的意见，一致推举了他，于是他就转而奔赴吴国五郡那些情势危急的地方。大都督点给他五千名贴身卫兵，他就率领军队出征，在边境上遏制敌军的进攻。然而上天要毁坏的东西，人力是不能支撑的。

【原文】

故主钦若，九有同宾。君以故官赴，除郎中，稍迁至太中大夫，历位大中正、肥乡令。县户二万，举州最治，德化尤异，恩洽刑清，野有颂声，路无奸迹。不佃公田，越界如市；秋毫之赠，不入于门；纸笔之用，皆出私财。刑厝而禁止，不言而化行。以疾去官，发诏，见用为吴王郎中令，正色弼违[①]，进可替不[②]，举善弹枉，军国肃雍。迁邵陵太守，卒于官。

【注释】

①弼（bì）违：纠正过失。②不（fǒu）：通“否”，否定。

【译文】

原来的吴国君主孙皓归顺了晋国，天下统一。先父以原来吴国的官员身份到了晋国，被授予郎中一职，逐渐升至太中大夫，历任大中正、肥乡县令。肥乡县的民众有两万户，是全州治理得最好的县，德行教化尤其突出，恩施恰当、刑法清正，田野里都是颂扬之声，路上没有邪恶的事。先父不耕种公家的田地，一走出自家的地界就像走入集市那样公平交易；别人一点一滴的馈赠，他都不收入家中；先父所用的纸笔，都是自己花钱购买的。刑罚不施而令行禁止，不用多言而教化得以推行。先父因病辞官，皇帝又颁发诏书，任用他为吴王的郎中令，他态度严肃地矫正吴王的过失，献上可行的措施，废除不合理的政令，荐举有道德的人，弹劾枉法的官员，让军队和国家都变得肃穆和谐。后来先父又升迁为邵陵太守，并在任上去世。

【原文】

洪者，君之第三子也。生晚，为二亲所娇饶，不早见督以书史。年十有三，而慈父见背，夙失庭训。饥寒困瘁，躬执耕穑，承星履草，密勿畴袭。又累遭兵火，先人典籍荡尽，农隙之暇无所读，乃负笈①徒步行借，又卒于一家，少得全部之书。益破功日，伐薪卖之，以给纸笔。就营②田园，处③以柴火写书。坐此之故，不得早涉艺文。常乏纸，每所写，反覆有字，人鲜能读也。

【注释】

①笈（jí）：书箱。②就营：疑为“昼就营”，白天去劳作。③处：应为“夜”。

【译文】

葛洪，是先父的第三个儿子。因为出生较晚，被双亲娇惯宠爱，没有很小就被督促着学习经史典籍。葛洪十三岁的时候，父亲去世了，很早就失去了父亲的教诲。从此忍饥受冻、困顿劳苦，要亲身去地里耕种、收割庄稼，披着星光踏着草丛，勤勉地在田地里劳作。又因为连续遭受战乱，先人的典籍荡然无存，在农耕的闲暇时间也没有书可读。于是葛洪就背着书箱步行去借书，然而在一处人家里，终难借到全部书籍。于是葛洪更加花费工夫去砍柴卖柴，以购买自己需要的纸笔。白天在田地里耕种，晚上就用柴草点火照明来写字读书。因为这个缘故，葛洪不能早早地涉猎各种典籍。因为经常缺乏纸张，葛洪所写的每张纸，正面背面都写满了字，很少有人能够阅读。

【原文】

年十六，始读《孝经》《论语》《诗》《易》。贫乏无以远寻师友，孤陋寡闻，明浅思短，大义多所不通。但贪广览，于众书乃无不暗诵精持。曾所披涉，自正经、诸史、百家之言，下至短杂文章，近万卷①。既性暗善忘，又少文，意志不专，所识者甚薄，亦不免惑。而著述时，犹得有所引用。竟不成纯儒，不中为传授之师。

【注释】

①近万卷："近"后缺"将"字。

【译文】

葛洪十六岁的时候，才开始读《孝经》《论语》《诗经》《周易》。由于贫困而不能远游去寻师觅友，因此孤陋寡闻，智慧浅薄思虑肤浅，很多重要的道理自己都弄不明白。只是自己贪图广泛阅览典籍，对众多的书籍无不暗暗记诵、用心去掌握。自己曾翻阅涉猎的书籍，上自五经正典、各种史书、诸子百家的学说，下至各种简短驳杂的文章，将近万卷。自己本性愚钝又善忘，本就性格质朴，加之缺乏文采，意志也不专一，所认识的道理都很浅薄，也难免有很多疑惑不解的地方。但在著述的时候，还能够对这些典籍有所引用。但终究成不了一个纯粹的儒生，不适合做传道授业的老师。

【原文】

其《河》①、《洛》②、图③、纬④，一视便止，不得留意也。不喜星书及算术、九宫、三棋、太一、飞符之属，了不从焉。由其苦人而少气味也。晚学风角、望气、三元、遁甲、六壬、太一之法，粗知其旨，又不研精。亦计此辈率是为人用之事，同出身情，无急以此自劳役，不如省子书之有益，遂又废焉。

【注释】

①《河》：《河图》，八卦。②《洛》：《洛书》，《尚书》所说的"九畴(chóu)"，是大禹治国的九类大法。③图：图谶。古代方士编造的预测吉凶的隐语或预言，称为"谶"，谶附有图，因而称为"图谶"。④纬：纬书。方术化的儒生创作的附会儒家经典著作的预言吉凶、兴衰的著作。

【译文】

对于《河图》、《洛书》、图谶、纬书之类的书籍，看一眼就不看了，没有留意它们。不喜欢星象书以及算术、九宫、三棋、太一、飞符这类东西，完全不想从事这些方面，因为它们读起来艰辛晦涩、缺乏趣味。后来学习风角、望气、三元、遁甲、六壬、太一等占卜方法，大略了解其中的内容，又没有研究得很精深。也是考虑到这些大多是被人利用的事情，都是出于人们自己的感觉，不必急着用这些东西来劳累自己，不如看诸子百家的书有用处，于是又停止阅读了。

【原文】

案《别录》《艺文志》，众有万三千二百九十九卷；而魏代以来，群文滋长，倍于往者，乃自知所未见之多也。江表书籍，通同不具。昔欲诣京师，索奇异，而正值大乱，半道而还，每自叹恨。今齿近不惑，素志衰颓，但念损之又损，为乎无为，偶耕①薮②泽，苟存性命耳。博涉之业，于是日沮矣。

【注释】

①偶耕：耦(ǒu)耕，两个人协同操作以耕田。②薮(sǒu)：本指生长着很多草的湖泽，此处泛指田野。

【译文】

按照《别录》《汉书·艺文志》的记载，古籍大概有一万三千二百九十九卷之多；而魏代以来，文章大量出现，比以前多了一倍，这才知道自己没读过的书有多么多。长江以南的书籍，自己全都没有。从前想到京城去搜求奇异的书籍，然而当时正值大乱，走到半路就只好返回了，因此常常私下叹息遗憾。如今自己快到四十岁了，平素的志向开始衰退，只希望将自己心中的思虑减少再减少，做些清静无为的事，在田野中种种地，苟且保存性命罢了。想要广泛涉猎的事务，于是日渐疏离了。

【原文】

洪之为人也，（此处有脱文）而骙野[①]，性钝口讷，形貌丑陋，而终不辩自矜饰也。冠履垢弊，衣或繿缕[②]，而或不耻焉。俗之服用，俄而屡改。或忽广领而大带，或促身而修袖，或长裾[③]曳地，或短不蔽脚。洪期于守常，不随世变。言则率实，杜绝嘲戏，不得其人，终日默然，故邦人咸称之为“抱朴之士”，是以洪著书因以自号焉。

【注释】

①骙（ái）：愚痴。②繿缕：通“褴褛”。形容衣服破烂。③裾（jū）：衣服的前襟。

【译文】

葛洪的为人，（此处有脱文）而愚痴粗野，性情迟钝口不善言，相貌丑陋，但始终不懂得自我修饰。帽子和鞋子又脏又破，衣服有时也是破破烂烂的样子，但自己并不觉得羞耻。世俗的人的衣服穿戴，短时间内就多次变化。有时突然流行领子、衣带宽大的款式，有时流行衣身很短而袖子很长的款式，有时流行衣服的前襟长到拖地的款式，有时又流行衣服的前襟短得盖不住脚的款式。葛洪希望遵循老规矩，不随世俗的潮流改变。说话就率直真实，坚决不去嬉笑嘲弄别人，如果没有遇到适当的谈话对象，就整天沉默不语，因此家乡的人都称其为“抱朴之士”，于是葛洪在写书著书时以之作为自己的称号。

【原文】

洪禀性尩羸[①]，兼之多疾，贫无车马，不堪徒行，行亦性所不好。又患弊俗舍本逐末，交游过差，故遂抚笔闲居，守静荜门[②]，而无趋从之所。至于权豪之徒，虽在密迹，而莫或相识焉。

【注释】

①尪羸（wāng léi）：瘦弱。②荜（bì）门：用竹子、荆条编的门，此处代指简陋的房舍。

【译文】

葛洪天生瘦弱，加上身体多病，因为贫穷买不起车马，又禁不起步行的劳累，出门远行是自己生性就不喜欢的。又忧虑如今的俗世之人都有舍弃农耕而热心从事工商的毛病，与他们交往会出现差迟，于是就握笔写作、闲居家中，在自己简陋的房舍中过着清静的生活，而没有可拜访之地。至于那些有权有势的人，虽然近在咫尺，却彼此不认识。

【原文】

衣不辟[①]寒，室不免漏，食不充虚，名不出户，不能忧也。贫无僮仆，篱落顿决，荆棘丛于庭宇，蓬莠[②]塞乎阶霤[③]，披榛[④]出门，排草入室。论者以为意远忽近，而不恕其乏役也。

【注释】

①辟：通“避”，避免，抵御。②莠（yǒu）：狗尾草。③霤（liù）：屋檐。④榛：丛生的荆棘。

【译文】

衣服不能御寒，房屋不能避雨，饭食不能果腹，名声不出家门，都不值得思虑。因为穷困买不起仆人，篱笆倒地或豁开，荆棘在庭院中丛生，蓬蒿、狗尾草这样的野草遮蔽了台阶、屋檐，分开杂乱丛生的荆棘才能出门，推倒野草方可进屋。议论的人都以为这是葛洪志向高远因而忽略了身边的小事，而没想到是因为他没有仆人。

【原文】

不晓谒（此处有脱文），以故初不修见官长。至于吊大丧，省困疾，乃心欲自勉强，令无不必至。而居疾少健，恒复不周，每见讥责于论者，洪引咎而不恤也。意苟无余，而病使心违，顾不愧已而已，亦何理于人之不见亮[①]乎？唯明鉴之士，乃恕其信抱朴，非以养高也。

【注释】

①亮：通“谅”，谅解。

【译文】

不懂得拜谒交往（此处有脱文），因此从来也没有修礼拜见过官员。至于吊唁他人父母之丧，问候困苦和生病的人，是内心希望尽力而为，要求自己一定要前往。然而由于经常生病，很少有身体壮健的时候，总有做得不周全的地方，常被议论的人讥诮指责，葛洪都承认自己的过失却不放在心上。假如心中没有其他杂念，而是疾病使自己没能完成心愿，只要自己无愧于心就行，又何必在意别人对自己不谅解呢？只有那些能够明辨是非的人，才会想到他确实是生性淳朴，不是以此为自己获取高远的名声。

【原文】

世人多慕豫亲之好，推暗室之密。洪以为知人甚未易，上圣之所难，浮杂之交，口合神疕①，无益有损。虽不能如朱公叔②一切绝之，且必须清澄详悉，乃处意焉。又为此见憎者甚众，而不改也。

【注释】

①疕（bǐ）：通“离”。②朱公叔：朱穆，字公叔，一字文元，东汉汉顺帝、汉桓帝时的大臣，因感时俗浇薄，作《崇厚论》《绝交论》。

【译文】

世上的人多羡慕快乐亲密的交情，推崇能推心置腹的友谊。葛洪认为了解一个人是很不容易的事情，即使上圣之人也觉得困难，浮浅杂乱的交往，嘴里说着一样的话，心里想的却并不相同，这样的交往有害无益。自身虽然不能像朱公叔那样断绝一切交往，也必须要考察清楚、了解透彻，才能放心相处。又因为这一点而被很多人憎恶，但自己也不去改正。

【原文】

驰逐苟达、侧立势门者，又共疾洪之异于己而见疵毁，谓洪为傲①物轻俗。而洪之为人，信心而行，毁誉皆置于不闻。至患近人或恃其所长，而轻人所短。洪忝为儒者之末，每与人言，常度其所知而论之，不强引之以造彼所不闻也。

【注释】

①慠：通“傲”，傲慢。

【译文】

那些到处奔走钻营谋求富贵、侧身站立在权贵门下的人，又都痛恨葛洪与他们趣味不同而且被葛洪挑毛病批评，说葛洪为人傲视万物、轻视世俗。而葛洪的为人，是遵从自己的想法去行事，对别人的诋毁与赞誉全都置之不理。倒是十分担忧如今有的人倚仗自己的长处而轻视别人的短处。葛洪自己勉强也算是个儒生，每次和别人谈话，总是估计着对方的知识面来说，不会把话题强行引导到对方不了解的领域。

【原文】

及与学士有所辩识，每举纲领。若值惜短，难解心义，但粗说意之与向，使足以发寤[①]而已，不致苦理，使彼率不得自还也。彼静心者，存详而思之，则多自觉而得之者焉。度不可与言者，虽或有问，常辞以不知，以免辞费之过也。

【注释】

①寤：通“悟”，觉悟。

【译文】

至于和有学之士辩论商讨一些问题时，每次都只谈谈问题的纲要。如果遇上护短的人，难以理解问题的核心意思，就只大略说说自己的意思和倾向，使其能够启发自我觉悟而已，不会以理相逼，使对方完全没有回旋的余地。那些能够静下心来的人，可以在心里仔细地思考问题，于是大多可自我觉悟而有所收获。估计对方是不值得说话的人，即使对方有时请教问题，也总是以不知道为由推辞，免得犯下浪费口舌的过错。

【原文】

洪性深不好干烦官长，自少及长，曾救知己之抑者数人，不得已有言于在位者。然其人皆不知洪之恤也，不忍见其陷于非理，密自营之耳。其余虽亲至者，在事秉势，与洪无惜者，终不以片言半字少累之也。

【译文】

葛洪天生不喜欢麻烦官员，从小到大，曾为了救助几位被冤屈的知己，不得已才向当权者去说情。然而这些人都不知道葛洪曾对他们有所帮助，我是不忍心看着他们陷入冤屈之中，暗中自行设法援救罢了。其他的事情，即使是至亲之人手握权势可直接处理某事，为了帮助葛洪在所不惜，葛洪始终不会说半个字，去为他们增添一丝一毫的麻烦。

【原文】

至于粮用穷匮，急合汤药，则唤求朋类，或见济，亦不让也。受人之施，必皆久久渐有以报之，不令觉也。非类，则不妄受其馈致焉。洪所食有旬日之储，则分以济人之乏；若殊自不足，亦不割己也。

【译文】

至于如果自己的粮食和费用完了或不足，或是急着配制汤药，就会向朋友求助，有时接受人家的接济，自己也不辞让。接受别人的恩惠，一定都慢慢地逐渐报答别人，还不让别人察觉到。如果不是一类人，就不会胡乱接受对方的馈赠。葛洪的食物如果有十天的储备，就会分出来接济那些缺乏粮食的人；如果自己的食物都严重不足，也不会分出自己的食物。

【原文】

不为皎皎之细行，不治察察之小廉。村里凡人之谓良守善者，用①时或赍②酒肴候洪，虽非俦匹③，亦不拒也。后有以答之，亦不登时也。洪尝谓史云④不食于昆弟⑤，华生⑥治洁于昵客，盖邀名之伪行，非廊庙之远量也。

【注释】

①用：应为衍字。②赍（jī）：带着。③俦（chóu）匹：思想学问相当的同类人。④史云：范冉，字史云，东汉名士。为人忠贞高洁，曾在探望生病的姐姐时，姐姐设宴招待，但范冉以姐夫没有德行为由，给姐姐留下二百钱的饭菜钱。⑤昆弟：本指兄和弟，此处指范冉的姐夫。⑥华生：华歆，字子鱼，汉末魏初时名士，曹魏重臣，为人廉洁，用巧妙的方法回绝了众多宾客旧友的数百金馈赠。

【译文】

不做那种看起来高风亮节的小事，不做那些看起来分辨得十分清楚的清廉之事。村里凡是真正善良的人，时常会带些酒菜来问候葛洪，虽然不属思想学问相当的同一类人，但葛洪也不拒绝。以后会答谢他们，也不会当时就答谢。葛洪曾说，范冉不吃姐夫的饭，华歆对关系亲近的朋友搞廉洁，都是沽名钓誉的虚伪行为，不是那些能进入朝廷做大事的人应有的远大胸怀。

【原文】

洪尤疾无义之人，不勤农桑之本业，而慕非义之奸利。持乡论者，则卖选举以取谢；有威势者，则解符①疏②以索财。或有罪人之赂，或枉有理之家；或为逋③逃之薮④，而飨⑤亡命之人。或挟使民丁，以妨公役；或强收钱物，以求贵价。或占锢市肆，夺百姓之利；或割人田地，劫孤弱之业。惚恫⑥官府之间，以窥掊克⑦之益。内以夸妻妾，外以钓名位。其如此者，不与交焉。由是俗人憎洪疾己，自然疏绝，故巷无车马之迹，堂无异志之宾，庭可设雀罗，而几筵积尘焉。

【注释】

①符：古代官府用作凭证的信物。②疏：古代官府处理小事用的小券短书。③逋（bū）：逃跑，逃亡。④薮（sǒu）：人或物聚集的地方，此处指罪犯聚集的地方。⑤飨（xiǎng）：用酒食招待客人，供养。⑥惚恫（còng dòng）：钻营，奔竞。⑦掊（póu）克：聚敛，搜刮民财。

【译文】

葛洪尤其痛恨不讲情义的人，他们不在农桑之事这样的本业上努力，而一心想获取来路不正的利益。那些手里把控着乡里品评人才大权的人，就靠出卖举荐权来获取酬谢金；那些有权有势的人，就靠出卖官府文书来索取钱财。有的人收受罪犯的贿赂，有的人屈枉有理的人家；有的人给犯罪逃跑的人提供避难处，而供养那些亡命之徒。有的人倚仗权势私人使用民丁，因而妨害到官府的差役；有的人强行收取钱财物品，以追求高昂的售价。有的人强霸市场商店，抢夺老百姓的利益；有的人侵占别人的田地，掠夺势孤力弱的人的产业。他们在官府之间奔走钻营，伺机攫取利益。他们在家中向妻妾炫耀，在外则沽名钓誉竞得社会地位。对于这样的人，葛洪不和他交往。因此世俗的人仇视葛洪对他们的痛恨，自然疏远葛洪，断绝了和葛洪的往来。葛洪居住的小巷中没有车马的痕迹，厅堂上没有志向不同的宾客，庭院里几乎可架设捕鸟的罗网，而几案和坐席上都积满了尘土。

【原文】

洪自有识以逮将老，口不及人之非，不说人之私，乃自然也。虽仆竖有其所短所羞之事，不以戏之也。未尝论评人物之优劣，不喜诃谴人交之好恶。或为尊长所逼问，辞不获已，其论人也，则独举彼体中之胜事而已；其论文也，则撮其所得之佳者，而不指摘其病累，故无毁誉之怨。

【译文】

葛洪自懂事起一直到快要老了，从不谈论别人的过失，不议论别人的隐私，这是天性使然。即使是仆人有短处、羞辱之事，葛洪也不拿来和他们开玩笑。葛洪也从来没有议论品评别人的优劣，也不喜欢批评别人交往的好坏。有的时候被地位尊贵的长辈逼问，葛洪推辞却没能推辞掉，那就在谈论别人时，只是说出别人做过的好事；谈论别人的文章时，就挑别人写得好的文章来说，而不去指责批评别人有毛病的地方，所以没有因诽谤、赞誉别人而招致别人的怨恨。

【原文】

贵人时或问官吏、民甲乙何如，其清高闲①能者，洪指说其快事；其贪暴暗塞者，对以偶不识悉。洪由此颇见讥责，以顾护太多，不能明辨臧否②，使皂白区分，而洪终不敢改也。

【注释】

①闲：疑为“贤”。②否（pǐ）：恶。

【译文】

贵人有时向葛洪问到官吏、百姓某某为人怎样，其中那些清高贤能的人，葛洪就述说他们所做的得意之事；其中贪婪残暴、昏庸愚昧的人，就回答说刚好不认识不熟悉对方。葛洪因此很是受到人们的讥诮指责，认为葛洪照顾庇护的人太多，不能明辨善恶，使黑白分明，而葛洪始终也不改变自己的做法。

【原文】

每见世人有好论人物者，比方伦匹，未必当允，而褒贬与夺，或失准格。见誉者自谓己分，未必信德也；见侵者则恨之入骨，剧于血雠[1]。洪益以为戒，遂不复言及士人矣。虽门宗子弟，其称两皆以付邦族，不为轻乎其价数也。

【注释】

①雠（chóu）：通“仇”，仇怨，仇恨。

【译文】

经常见到世上有人喜欢评论别人，又是打比方又是作比较，未必妥当公允，而褒扬贬低、取舍，有时也没有一个固定的标准。受到褒扬的人自认为这是自己应得的赞誉，其实他未必有这个德行；受到批评的人则恨之入骨，他们的恨超过了血海深仇。葛洪更加以此为戒，于是不再谈论士人们。即使是同门同宗的子弟，对他们的品评也全都交给地方宗族，不会轻易对他们做出评价。

【原文】

或以讥洪，洪答曰：“我身在我者也，法当易知。设令有人问我，使自比古人及同时，令我自求辈，则我实不能自知可与谁为匹也，况非我，安可为取而评定之耶？

【译文】

有人以此讥笑葛洪，葛洪回答说：“我的身体属于我个人所有，按理来说我应当是最容易了解自己的人。假设有人问我，让我将自己和古人与现在的人相比，让我找出一个与我类似的人，我自己就实在不知道自己能够和谁比较相当了，更何况不是我，怎么可以为我找到相似的人而加以评定呢？

【原文】

“汉末俗弊，朋党分部，许子将[1]之徒，以口舌取戒。争讼论议，门宗成雠。故汝南人士无复定价，而有月旦之评。

魏武帝深亦疾之，欲取其首，尔乃奔波亡走，殆至屠灭。前鉴不远，可以得师矣。

【注释】

①许子将：许劭（shào），字子将，东汉末年著名人物评论家，据说他每月都要对当时的人物进行一次品评，人称“月旦评”。

【译文】

“汉朝末年的社会风气败坏，朋党集结分成各种不同的宗派，许邵这样以评论人闻名的人，以口舌为防御武器，同别人争辩议论，门派宗族之间互为仇敌。因此汝南一带的人士不再有固定的评判标准，而是每月初一都有新的一番评判。魏武帝曹操也十分痛恨许邵，想要取他的人头，他于是四处奔波逃亡，以至于几乎被杀死。前面的这种借鉴还不久远，我们可以从中学到不少的经验教训啊。

【原文】

“且人之未易知也，虽父兄不必尽子弟也。同乎我者遽①是乎？异于我者遽非乎？或有始无卒，唐尧、公旦、仲尼、季札，皆有不全得之恨。无以近人信其喽喽②管见荧烛之明，而轻评人物，是皆卖彼上圣大贤乎！”

【注释】

①遽（jù）：就。②喽喽：本是象声词，此处指喋喋不休的样子。

【译文】

“况且人是很不容易了解的，即使是父亲、兄长也未必了解儿子、弟弟。和自己思想一样的人就正确吗？和自己思想不同的就错误吗？有的人有始无终，唐尧、周公、孔子、季札，都有不能完全看透人的遗憾。不要因为近年来的人相信一些喋喋不休之人讲的一管之见和微弱如烛光般的聪明，而去轻易地评论人，他们难道都能超过那些上圣大贤吗？”

【原文】

昔大安①中，石冰②作乱，六州之地，柯振叶靡，违正党逆。义军大都督邀洪为将兵都尉，累见敦迫。既桑梓恐虏，祸深忧大，古人有急疾之义，又畏军法，不敢任志。遂募合数百人，与诸军旅进。

【注释】

①大（tài）安：应为“太安”，是西晋惠帝司马衷的年号（302—303）。②石冰：西晋时蛮族起义军将领。

【译文】

以前在晋惠帝太安年间，石冰发动叛乱，有六个州的地方，局势一片混乱、岌岌可危，很多人背离正道、顺应叛乱者。义军的大都督吴兴太守顾秘邀请葛洪担任将兵都尉，多次催促葛洪。一方面看到家乡的人害怕这些强盗，担心大祸临头，而古人有解决紧急危难的道德传统，另一方面又害怕军法严厉，不敢任意行事。于是就募集了几百人，与各路军队共同进击叛军。

【原文】

曾攻贼之别将，破之日，钱帛山积，珍玩蔽地。诸军莫不放兵收拾财物，继毂[①]连担。洪独约令所领，不得妄离行阵。士有摭[②]得众者，洪即斩之以徇，于是无敢委杖。而果有伏贼数百，出伤诸军。诸军悉发，无部队，皆人马负重，无复战心，遂致惊乱，死伤狼藉，殆欲不振。独洪军整齐毂张[③]，无所损伤，以救诸军之大崩，洪有力焉。后别战，斩贼小帅，多获甲首，而献捷幕府。于是大都督加洪伏波将军。例给布百匹，诸将多封闭之，或送还家。而洪分赐将士，及施知故之贫者。余之十匹，又径以市肉酤酒，以飨将吏。于时窃擅一日之美谈焉。

【注释】

①毂（gǔ）：本指车轮中心的圆木，周围与车辐的一端相接，中有圆孔，可以插轴，此处代指车辆。②摭（zhí）：拾取。③毂张：疑为“彀（gòu）张”，拉满弓，形容戒备严密。

【译文】

曾经攻打过叛军与主力军配合作战的一个部将，破敌之日，敌军的钱币、布帛堆积如山，珠宝珍玩遍地都是。各路军队都放任自己的士兵去收捡财物，装满了一车又一车，一担又一担。只有葛洪命令自己所统领的军队，不能擅自离开队列。有拾取财物多的兵士，葛洪当即就斩首示众，于是没人敢放下武器。而后果然有几百名埋伏的敌方士兵，跳出来攻打各路军队。各路军队虽然全都发起迎击，但没有整齐肃穆的部伍队列，人和马的负荷都很重，不再有战斗的意志，于是导致惊慌混乱，死伤者到处都是，几乎不能振作迎敌了。只有葛洪的军队排列整齐、戒备严密，没有受到任何损伤，为了挽救各路军兵大溃败的局势，葛洪是出了大力的。后来在另外一次征战中，葛洪斩杀了叛军的一个低级将领，斩获了许多敌军的首级，然后向帅营报捷。于是大都督就加封葛洪为伏波将军。按例发给每位将领一百匹布，将领们大多将布匹收起来，或者送回家中。而葛洪则将布匹分赐给手下的将士，以及送给贫困的熟人旧友。剩下十匹布，又直接拿去换成酒肉，用来犒劳将官们。葛洪在当时可谓独自成了一时的美谈。

【原文】

事平，洪投戈释甲，径诣洛阳，欲广寻异书，了不论战功。窃慕鲁连不受聊城之金，包胥不纳存楚之赏，成功不处之义焉。正遇上国大乱，北道不通，而陈敏又反于江东，归涂隔塞。会有故人谯国嵇君道，见用为广州刺史，乃表请洪为参军。虽非所乐，然利可避地于南，故黾勉[1]就焉。见遣先行催兵，而君道于后遇害，遂停广州。频为节将见邀用，皆不就。

【注释】

①黾（mǐn）勉：勤勉，努力。

【译文】

动乱平息以后，葛洪放下武器、脱下铠甲，离开了军队，直接去了洛阳，想广泛搜集奇书异籍，从不谈起自己的战功。葛洪私下里敬慕鲁仲连没接受因收复聊城而赏赐给他的黄金，申包胥没收下因保全楚国而给予的赏赐，那种成功而不居功的精神。正好遇上中原一带发生很大的动乱，北边的道路不通，而陈敏又在江东一带造反，回去的路也被阻隔了。恰巧遇上老朋友谯国郡的嵇君道，他被任命为广州刺史，于是他上表请求让葛洪做他的参军。这虽然不是自己愿意做的事，但好处是可以到南方去躲避战乱，于是就努力前去就职。葛洪被派遣先去催兵，而嵇君道在此后就遇害了，于是就逗留在广州。屡次被驻军将领邀请前去任职，但都没接受。

【原文】

永惟富贵可以渐得，而不可顿合，其间屑屑，亦足以劳人。且荣位势利，譬如寄客，既非常物，又其去不可得留也。隆隆者绝，赫赫者灭，有若春华，须臾凋落。得之不喜，失之安悲？悔吝百端，忧惧兢战，不可胜言，不足为也。

【译文】

自己一直觉得富贵可以慢慢获得，但不能突然获取，其中琐碎的事情，也足够拖累人的了。而且荣耀、地位、权势、利益，就好像寄宿的客人，既不是长久的东西，它离去时也无法挽留。地位高贵的人会倒台，声势显赫的人会消亡，就像春天的花朵一样，转眼间就会凋落。如果得到它们时不觉得高兴，失去它们时又怎么会感到悲伤呢？为追求荣华富贵而带来的灾难各种各样，整天担忧恐惧，战战兢兢，难以描述，实在不值得去追求荣华富贵。

【原文】

且自度性笃懒而才至短，以笃懒而御短才，虽翕①肩屈膝，趋走风尘，犹必不办大致名位而免患累，况不能乎！未若修松、乔之道，在我而已，不由于人焉。

【注释】

①翕（xi）：闭合、收拢，此处指耸。

【译文】

而且我自认为自己生性非常懒惰才能又极为低下，用自身懒惰的天性去驾驭自己低下的才能，即使是卑躬屈膝，在尘世的官场中到处奔走钻营，仍然不能获取很高的名誉地位免于祸患的牵累，何况自己还不愿意那样做呢！不如修行赤松子、王子乔的成仙之道，这样就能把握自己，不会受制于人。

【原文】

将登名山，服食养性。非有废也，事不兼济；自非绝弃世务，则曷[1]缘修习玄静哉！且知之诚难，亦不得惜问而与人议也。是以车马之迹，不经贵势之域；片字之书，不交在位之家。

【注释】

①曷（hé）：怎么，为什么。

【译文】

我准备登上名山，服食丹药以修行养生之道。如果无所偏废，那么事情就无法做到两全；如果不能断绝世俗的事务，那有什么机缘修习玄妙清静的求仙之道呢！况且弄懂它真的很难，也就不能吝惜求问而去和别人讨论了。因此我的车马行迹，不经过有权有势的人居住的地方；即使是只言片语的书信，也不会递交到在位者的家里。

【原文】

又士林之中，虽不可出，而见造之宾，意不能拒。妨人所作，不得专一。乃叹曰："山林之中无道也，而古之修道者，必入山林者，诚欲以违远谨哗[1]，使心不乱也。"今将遂本志，委桑梓，适嵩岳，以寻方平、梁公之轨。先所作子书内外篇，幸已用功夫，聊复撰次，以示将来云尔。

【注释】

①谨哗（huān huá）：大声喧哗。此处指代喧闹的尘世。

【译文】

另外自己身处士人群体之中，虽然不愿意出门与人交往，但是有客人来访，想来总不能拒绝。这就妨碍了自身修行成仙之道，无法做到专心致志。于是我感叹道："山林之中虽然并没有成仙之道，但是古代修习成仙之道的人，一定要入住山林的原因，其实就是希望远离俗世的喧哗，使心神不乱。"现在我就准备按照内心本来的想法去做，离开故乡，到深山中去，以追随王方平、梁鸿的足迹。以前撰写的《抱朴子内篇》和《抱朴子外篇》，幸亏已用了很大的功夫，只要再略加编排，让后人阅读方便而已。

【原文】

洪年十五六时，所作诗赋杂文，当时自谓可行于代。至于弱冠，更详省之，殊多不称意。天才未必为增也，直所览差广，而觉妍媸之别。于是大有所制弃，十不存一。今除所作子书，但杂尚余百所卷，犹未尽损益之理，而多惨愦[1]，不遑复料护之。他人文成，便呼快意，余才钝思迟，实不能尔。作文章每一更字，辄自转胜，但患懒，又所作多，不能数省之耳。

【注释】

①惨愦：疑为"惨愦（kuì）"，心情烦乱的样子。

【译文】

葛洪在十五六岁时写的诗、赋和各色文章，当时自认为它们可以流传于世。到二十岁的时候，再仔细看这些东西，发现很多不满意的地方。未必是自己天生的才能有什么增长，只是自己阅读的东西稍微广泛了一些，因而能察觉出文章的好坏。于是对以前的作品进行了大量的修改和舍弃，留下的还不到原来的十分之一。现在除了所写的子书，只剩下各类作品一百卷左右，还没完全进行修改，而经常心烦意乱，没空再去整理它们。别人写成文章，便觉得非常高兴，我自己才能愚钝文思迟钝，实在不能做到那样。我写文章每改一个字，就感觉比原来好一些，只是自己犯了懒惰的毛病，写的东西又多，所以不能反复检查修改罢了。

【原文】

洪年二十余，乃计作细碎小文，妨弃功日，未若立一家之言，乃草创子书。会遇兵乱，流离播越，有所亡失。连在道路，不复投笔[1]十余年。至建武中，乃定。

【注释】

①投笔：应为"役笔"，用笔写作。

【译文】

葛洪到二十多岁的时候，才考虑到写一些琐碎的短小文章，只是白白浪费时间，不如创立一家学说，于是开始起草子书。却遇上兵荒马乱，自己离散流亡，丢失了一些文稿。自己不停地奔走在流亡的路上，有十多年的时间没有执笔写作。到了东晋晋元帝建武年间，才得以定稿。

【原文】

凡著《内篇》二十卷，《外篇》五十卷，碑、颂、诗、赋百卷，军书、檄移、章表、笺记三十卷。又撰俗所不列者为《神仙传》十卷，又撰高尚不仕者为《隐逸传》十卷。又抄五经、七史、百家之言、兵事、方伎、短杂、奇要三百一十卷，别有目录。其《内篇》言神仙、方药、鬼怪、变化、养生、延年、禳邪①、却祸之事，属道家；其《外篇》言人间得失、世事臧否，属儒家。

【注释】

①禳（ráng）：祈祷消除灾殃。

【译文】

总共写成《抱朴子内篇》共二十卷，《抱朴子外篇》共五十卷，碑文、颂、诗、赋共一百卷，军书、檄移、章表、笺记共三十卷。又为世俗书籍一般不收录的仙人们撰写了《神仙传》共十卷，又为志行高洁的隐逸之士撰写了《隐逸传》共十卷。还抄写五经、七史、诸子百家的学说、兵事、方伎、短杂、奇要共三百一十卷，另外还有《目录》。其中《抱朴子内篇》里讲的是神仙、方药、鬼怪、变化、养生、延年、禳除邪祸的事情，属于道家的思想；《抱朴子外篇》里讲的是人间的得失、世事的好坏，属于儒家的思想。

【原文】

洪见魏文帝《典论·自叙》，末及弹棋、击剑之事，有意于略说所知，而实不数少所便能，不可虚自称扬，今将具言所不闲焉。

【译文】

葛洪阅读魏文帝曹丕的《典论·自叙》时，看到文章最后谈弹棋、击剑之类的事情，就想要稍微说一下自己所知道的这方面的知识，然而这其实并不属于我从小就熟习的事情，自己不能不懂装懂地谈论，如今将要具体说说这些我所不熟习的事情。

【原文】

洪体钝性驽，寡所玩好，自总发垂髫，（此处有脱文）又掷瓦、手搏①，不及儿童之群。未曾斗鸡鹜②、走狗马。见人博戏，了不目眄③。或强牵引观之，殊不入神，有若昼睡。是以至今不知棋局上有几道、樗蒲齿④名。亦念此辈末伎，乱意思而妨日、月，在位有损政事，儒者则废讲诵，凡民则忘稼穑，商人则失货财。

【注释】

①搏（bó）：搏斗，对打，格斗。②鹜（wù）：野鸭。③眄（miǎn）：斜视。④齿：指樗（chū）蒲博戏中的一种用具，类似今天的骰子。

【译文】

葛洪身体迟钝天赋低下，很少有喜欢玩的游戏，从儿童时代起，（此处有脱文）另外抛掷瓦片、徒手和人搏斗，也比不上大部分的其他儿童。自己从没斗过鸡、鸭，也没牵着狗、马跑步。看见人家玩赌博游戏，眼睛都不会瞟一下。有人强拉着我去观看赌博游戏时，我就根本不能用心去看，就像白天睡着了一样。因此我到现在都不知道棋盘上有几条线、樗蒲游戏中木齿的名称是什么。我又觉得这些是不入流的雕虫小技，会扰乱人的思想而且耽误时间，官员会因此耽误政事，读书人会因此荒废讲诵经典，普通百姓会因此忘记耕种田地，商人会因此损失许多钱财。

【原文】

至于胜负未分，交争都市，心热于中，颜愁于外，名之为乐，而实煎悴。丧廉耻之操，兴争竞之端。相取重货，密结怨隙。昔宋闵公、吴太子致碎首之祸，生叛乱之变，覆灭七国，几倾天朝。作戒百代，其鉴明矣。

【译文】

至于赌博游戏中分不出胜负时，赌徒们在街道市场里互相争执得不可开交，心中焦躁之火上升，脸上满面愁容，名义上是娱乐，实际上却是备受煎熬。它使人丧失了知廉识耻的操守，引发了争斗的开端。大家相互赢取对方的大量钱财，也结下了深深的怨恨仇隙。从前春秋时的宋闵公、西汉时的吴太子都因赌博游戏而招致杀身之祸，后者甚至引发了叛乱，导致吴、楚、赵、胶西、济南、淄川、胶东这七个诸侯国的灭亡，几乎使整个西汉王朝陷入倾覆之灾。这样的事例可以作为无数代后人的警戒，其借鉴作用是非常清楚的。

【原文】

每观戏者，惭恚[①]交集，手足相及，丑詈[②]相加，绝交坏友，往往有焉。怨不在大，亦不在小，多召悔吝，不足为也。仲尼虽有昼寝之戒，以洪较之，洪实未许其贤于昼寝。何则？昼寝但无益，而未有怨恨之忧、斗讼之变。圣者犹韦编三绝，以勤经业，凡才近人，安得兼修？惟诸戏，尽不如示一尺之书。故因本不喜而不为，盖此俗人所亲焉。

【注释】

①恚（huì）：愤怒。②詈（lì）：骂。

【译文】

每次看到那些参与赌博游戏的人，羞惭与恼怒的情绪交织，相互拳脚相加，彼此辱骂对方，为此断绝交情、败坏友谊的情况，经常存在。仇怨不在于大，也不在于小，但是会招致悔恨和灾祸的事情，都不值得去做。孔子虽然告诫大家不要在白天睡觉，但让葛洪来比较，葛洪实在不能赞同赌博游戏好过在白天睡觉。为什么呢？在白天睡觉只是对人没有好处，但没有招致对别人怨恨的担忧、彼此发生殴斗争吵的变故。孔子这样的圣人尚且多次翻断了编竹简的皮条，以勤奋地研究经典学问，那些才能普通、智力浅近的人，怎么能同时兼顾赌博游戏和读书呢？我认为参与各种赌博游戏，完全不如让人看看书籍。因为我本来就不喜欢这些东西而不去参与，但这都是世俗的人们喜欢亲近的东西。

【原文】

少尝学射，但力少不能挽强，若颜高之弓耳。意为射既在六艺，又可以御寇辟劫，及取鸟兽，是以习之。昔在军旅，曾手射追骑，应弦而倒，杀二贼一马，遂以得免死。又曾受刀楯及单刀、双戟①，皆有口诀要术；以待取人，乃有秘法，其巧入神。若以此道与不晓者对，便可以当全独胜，所向无前矣。晚又学七尺杖术，可以入白刃，取大戟。然亦是不急之末学，知之譬如麟角凤距，何必用之！过此已往，未之或知。

【注释】

①戟（jǐ）：古代的一种兵器，是戈和矛的合成体。

【译文】

年轻时曾学过射箭，但力气小以至于拉不开硬弓，比如颜高用的那种硬弓。想到射箭既然在六艺的范围内，又可以用来抵御敌寇、防备盗劫，还可以射取鸟兽，所以学习射箭。以前在军队打仗期间，曾亲手射击追赶的骑兵，使其随着弓弦开动的声音而倒下，射杀了两个敌兵和一匹马，于是得以免除一死。又曾经学习过刀盾和单刀、双戟，这些都有口诀和诀窍；等到用这些武艺来捉拿敌人时，还有秘密的方法，其巧妙达到出神入化的程度。如果用这些方法来和不懂这些武艺的人对打，就可以大获全胜，所向披靡。后来又学习了七尺棍术，可凭借它冲入白刃的战阵，获取对方手里的大戟。然而这也是不急需使用的末流学问，懂得它就像麒麟长角凤凰长爪一样，何必一定要使用它呢！除此以外，就不再知道什么了。

【原文】

洪少有定志，决不出身。每览巢、许、子州、北人、石户、二姜、两袁、法真、子龙之传，尝废书前席，慕其为人。念精治五经，著一部子书，令后世知其为文儒而已。

【译文】

葛洪年轻时有一个坚定的志向，绝不出仕，每次看到巢父、许由、子州支父、北人无择、石户之农、姜肱和姜岐、袁忠和袁弘、法真、子龙这些人的传记时，常常放下书本移座向前，心情激动，敬慕他们的为人。自己就想深入研究五经，撰写一部子书，让后代人知道葛洪是个读书人而已。

【原文】

后州、郡及车骑大将军辟，皆不就，荐名琅邪王丞相府。昔起义兵，贼平之后，了不修名诣府论功，主者永无赏报之冀。晋王应天顺人，拨乱反正，结皇纲于垂绝，修宗庙之废祀，念先朝之滞赏，并无报以劝来。洪随例就彼。庚寅诏书，赐爵关中侯，食句容之邑二百户。

【译文】

后来州、郡和车骑大将军征召我出去做官，自己都没有前往，有人就把我推荐到琅邪王、丞相司马睿的府上。以前发动起义军出征，直到叛乱平息以后，都从来不提及这点名声而到府中要求论功行赏，主要是自己从来没有期望过自己获得奖赏。晋王上顺应天命，下体察人心，治理乱世，恢复安定，重振即将毁灭的皇帝统治的纲纪，恢复被废弃的宗庙祭祀传统；晋王考虑到前朝滞留未颁发的奖赏，如果不对前朝功臣给予奖赏就没办法鼓励后人尽职尽责。于是葛洪按照惯例到了晋王那里担任官职。皇帝在庚寅日颁发诏书，赐给我关中侯的爵位，以句容二百户作为我的食邑。

【原文】

窃谓讨贼以救桑梓，劳不足录，金紫之命，非其始愿。本欲远慕鲁连，近引田畴，上书固辞，以遂微志。适有大例，同不见许。昔仲由让应受之赐，而沮为善。丑虏①未夷，天下多事，国家方欲明赏必罚，以彰宪典，小子岂敢苟洁区区之懦志，而距弘通之大制！故遂息意而恭承诏命焉。

【注释】

①丑虏：也为“众虏”，对敌军的蔑称。

【译文】

我自己觉得为了拯救家乡父老而讨伐叛党，这种功劳不值得记录在功劳簿上，金印紫绶这样的任命，也并非我最初的愿望。自己本来想要效仿古代的鲁仲连，近代的田畴，上书坚决推辞，以顺从自己的小小志向。刚好遇到国家有统一的规定，全都不被批准。从前仲由辞让自己应得的赏赐，因而阻碍了人们做好事。如今众多的叛党还没消灭殆尽，天下战事还有很多，国家正要赏罚分明，以便彰明国家的法典，我怎么敢随便地为了保全自己微不足道的怯懦志向，而抗拒宏伟通达的国家法制呢？于是我就收起自己的念头，恭敬地接受了诏书的任命。

【原文】

洪既著《自叙》之篇，或人难曰："昔王充年在耳顺，道穷望绝，惧身名之偕灭，故《自纪》终篇。先生以始立之盛，值乎有道之运，方将解申公之束帛，登穆生之蒲轮，耀藻九五，绝声昆吾，何憾芬芳之不扬，而务老生之彼务！"

【译文】

葛洪写了《自叙》这篇文章后，有人非难道："从前王充到六十岁的时候，陷入穷途末路、希望断绝的境地，他忧虑自己的身体与名望一起消失，所以撰写《自纪》一篇，放在《论衡》的最后；而先生在才过三十岁的盛年，赶上朝政清明的好时代，正要解开皇帝送给申公的那种聘用束帛，登上枚乘曾坐的那种蒲轮安车，在皇上那里尽情展示自己的才华，能够将自己的名字铸造在大鼎上以传后世名声遍海内，怎么会有好名声不四处传扬的遗憾，而做那种老头子做的事情呢？"

【原文】

洪答曰："夫二仪弥邈，而人居若寓。以①朝菌之耀秀，不移晷而殄瘁②，类春华之暂荣，未改旬而凋坠。虽飞飙之经霄，激电之乍照，未必速也。夫期颐③犹奔星之腾烟，黄发如激箭之过隙，况或未萌而殒箨④，逆秋而雾瘁者哉！

【注释】

①以：应为"似"，好像。②殄瘁（tiǎn cuì）：枯萎，凋谢。③期颐（yí）：百岁。④殒箨（tuò）：草木落叶。这里代指死亡。

【译文】

葛洪回答说："天地是非常浩瀚久远的，而人不过是寄居在天地之间。就像早上生的朝菌那样虽然十分美好，但太阳的影子还没有移动就枯萎死去了；就像春天的花朵一样有短暂的繁荣景象，没过十天就凋零坠落了。即使是疾风吹过高空，闪电乍然闪现，也未必快过这短暂的人生。人活百岁就像流星在云天上飞划过的一缕云雾，老人高寿犹如离箭飞经缝隙一般，更何况有的人还没能像草木一样萌芽就死掉了，有的人还好像草木那样刚到秋天就零落枯萎了！

【原文】

“故项子有含穗之叹，扬乌有夙折之哀。历览远古逸伦之士，或以文艺而龙跃，或以武功而虎踞，高勋著于盟府，德音被乎管弦。形器虽沉铄于渊壤，美谈飘飖[①]而日载，故虽千百代，犹穆如也。

【注释】

①飖（yáo）：随风摇动。

【译文】

“所以春秋时鲁国的神童项橐的夭折给人们留下了禾苗吐穗但还没成熟就凋落的慨叹，扬乌的早夭也给人们留下了神童早夭的悲哀。遍览远古以来的才能超群的人，有的人凭借优美的文章而像龙一样飞跃高空，有的人凭借高强的武功像虎一样雄踞一方，他们的丰功伟绩被记载在盟府上，他们的德行被写入音乐之中。他们的身体虽然化作了泥土，但他们的美誉却随风飘散、日日传颂，所以即便是千百代以后，还是令人肃然起敬。

【原文】

“余以庸陋，沉抑婆娑，用不合时，行舛于世；发音则响与俗乖，抗足则迹与众迕；内无金、张[①]之援，外乏弹冠之友。循涂虽坦，而足无骐骥；六虚虽旷，而翼非大鹏。上不能鹰扬匡国，下无以显亲垂名；美不寄于良史，声不附乎钟鼎。故因著述之余，而为《自叙》之篇，虽无补于穷达，亦赖将来之有述焉。”

【注释】

①金、张：金日磾（jīn mì dī）、张安世。金日磾，西汉时期著名匈奴族政治家，受汉武帝之托辅佐太子刘弗陵，鞠躬尽瘁，死后封为敬侯。张

安世，西汉酷吏张汤之子，但生性谨慎，为官廉洁，因辅佐汉昭帝有功，被封为富平侯。后世多用这二人代指显贵世族。

【译文】

“我因为是个平庸浅陋的人，一直在社会底层生活徘徊，我所掌握的学问与时代不合，我的行事与世人相背；我发表的看法与众人的看法不一致，我迈开步子走的路和大家相抵触；在朝廷内没有金日磾、张安世那样的显贵世族提供帮助，在朝廷之外也没有志同道合的朋友。所走的道路虽然平坦，然而没有千里马那样的才华；上下四方的空间虽然开阔，然而却没有像大鹏展翅高飞那样的能力。自己上不能大展雄才匡正国家，下不能使父母显达、让自己名垂千秋；自己的优点不能被载入史书，我的名字不能铸刻在钟鼎之上。因此自己在著书立说的闲暇时间里，写下了这篇《自叙》，虽然对于自己生活的顺遂没什么助益，但也希望将来有人能够对自己有所记述。”